Gunna Wendt

Ita und Marie

PIPER

Zu diesem Buch

Blickt man auf die Leben von Marie Steiner-von Sivers, geboren 1867 in Włocławek, und Ita Wegman, geboren 1876 in Karawang, fällt erst einmal das Gegensätzliche ins Auge. Während Ita von Freiheit begleitet war, wuchs Marie in aristokratischen, militärisch geprägten Verhältnissen auf. Es scheint, als wären die beiden Frauen nur durch Rudolf Steiner und die Anthroposophie verbunden. Doch sowohl Ita als auch Marie wurden angetrieben durch ihr Streben nach mehr, sie ließen sich nicht von Hindernissen und Widerständen zurückhalten, sondern wuchsen an ihnen und überwanden sie schließlich. Wie »zwei Löwinnen«, die sich in ihrer Willenskraft und ihrem Durchsetzungsvermögen gleichen, waren sie auch für sich prägende Figuren der Anthroposophie.
Gunna Wendt hebt diese beiden außergewöhnlichen Frauen in einer Doppelbiografie aus dem Schatten Rudolf Steiners und zeichnet nicht nur zwei spannende Leben, sondern auch deren Einfluss auf eine ganze Bewegung nach.

Gunna Wendt, geboren 1953 in Jeinsen, studierte Soziologie und Psychologie in Hannover und schrieb ihre Magisterarbeit über Paula Modersohn-Becker. Seit 1981 lebt sie als freie Autorin, Publizistin und Kuratorin in München. Neben Arbeiten für Theater und Rundfunk veröffentlichte sie zahlreiche Bücher, darunter Biografien über Paula Modersohn-Becker, Franziska zu Reventlow, Liesl Karlstadt, Helmut Qualtinger und Maria Callas. Bei Piper erschien zuletzt *Erika und Therese*.

Gunna Wendt

ITA UND MARIE

Ita Wegman und Marie Steiner
Schicksalsgefährtinnen und
Konkurrentinnen um Rudolf Steiner

PIPER

Mehr über unsere Autorinnen, Autoren und Bücher:
www.piper.de

Von Gunna Wendt liegen im Piper Verlag vor:
Clara und Paula
Erika und Therese
Ita und Marie

Inhalte fremder Webseiten, auf die in diesem Buch hingewiesen wird, macht sich der Verlag nicht zu eigen und übernimmt dafür keine Haftung.

Zur besseren Lesbarkeit wurden die Zitate zum Teil behutsam korrigiert.

Unser Versprechen für mehr Nachhaltigkeit
• Klimaneutrales Produkt
• FSC®-zertifiziertes Papier
• Hergestellt in Europa

FSC www.fsc.org MIX Papier | Fördert gute Waldnutzung FSC® C021394

Originalausgabe
ISBN 978-3-492-31536-4
2. Auflage Dezember 2023

Umschlaggestaltung: Büro Jorge Schmidt, München
Umschlagmotiv: Marie Steiner: Rudolf Steiner Archiv, Dornach;
Ita Wegman: gemeinfrei, Autor unbekannt
Satz: Satz für Satz, Wangen im Allgäu
Gesetzt aus der Garamond Premier Pro
Litho: Lorenz & Zeller, Inning am Ammersee
Gedruckt von ScandBook in Litauen
Printed in the EU

»Die beiden am nächsten mit Rudolf Steiner verbundenen Frauen, Marie Steiner und Ita Wegman, scheinen so miteinander verbunden zu sein, dass, wenn eine ins Licht gehoben wird, die andere ins Finstere sinken muss. Gleich einer unheilvollen Schaukel fand diese Bewegung in den letzten 90 Jahren mehrfach statt.«

Johannes Greiner, Einleitung zu Elly Simons, Erinnerungen an Marie Steiner, Zürich 2020

Inhalt

Prolog	9
Die Insel der hundert Vulkane	13
Jahre ohne Sommer	21
Abenteuer Europa	27
Starke Frauen	37
Kampf um Bildung	51
Den eigenen Platz finden	61
Hinaus in die Welt	71
Briefe und Bühne	79
Auf der Suche nach dem Theater der Seele	89
Annäherung an die Theosophie	101
Nicht zu spät zum Studieren	107
Ein Pfingstbekenntnis	117
Ärztin mit dem »Mut des Heilens«	123
Angekommen	133
Bewahrerin von Weisheit	147
Anthroposophie – Meilenstein zur Erkenntnis	157
Von Fräulein von Sivers zu Frau »Doktor« Steiner	163
Im Tun leben	169

Zu Hause in der Sprache 177
Tanz als sichtbarer Gesang 193
Goetheanum –
das Haus der Sprache brennt 199
Späte Nähe 211
Zwei Frauen 227
Ita Wegman 239
Marie Steiner-von Sivers 243
Literatur und Quellen 247

Prolog

Berlin, Motzstraße 17, 1904

Eine junge Frau läutet an der Tür des Hauses Motzstraße 17 und wartet darauf, eingelassen zu werden. Sie hat eine Verabredung mit Doktor Steiner. Nach seinem letzten Vortrag ist sie zu ihm gegangen und hat ihn um ein Gespräch gebeten. Es müsse nicht jetzt sofort sein, sei aber doch sehr dringend. Ob er sich überhaupt an sie erinnere? Schon vor zwei Jahren sei sie ihm das erste Mal begegnet. »O ja«, sagte er, er erinnere sich sowohl an sie als auch an ihre Antwort auf seine Frage, was sie in Berlin tue: »Studieren und das Leben kennenlernen!« Das habe er nicht vergessen, und er würde gern wissen, was daraus geworden sei. Wie vor zwei Jahren forderte er sie auf, ihn an einem bestimmten Tag zu einer bestimmten Zeit in der Motzstraße zu besuchen.

Und da ist sie nun: Ita Wegman. Als sie den Empfangsraum der Theosophischen Bibliothek betritt, ist sie zunächst überrascht, dass Steiner diesmal nicht allein ist. Eine auf den ersten Blick streng wirkende Frau setzt sich neben ihn, nachdem sie Ita einen Platz am Tisch angeboten hat. Ita weiß, um wen es sich handelt: Fräulein von Sivers, seine engste Mitarbeiterin, ohne die er seit einiger Zeit nicht mehr anzutreffen ist, was in theosophischen Kreisen Anlass zu Mutmaßungen und Spekulationen gibt. Doch damit will Ita nichts zu tun haben.

Der Blick, den Marie von Sivers auf sie wirft, ist ihr nicht unbekannt. Als Kind habe sie selbst Menschen, die ihr gegenübergetreten seien, zunächst genau von Kopf bis Fuß gemustert, ehe sie ihnen die Hand gegeben habe, hatte man Ita Wegman erzählt. Für sie war das selbstverständlich gewesen, sie wollte eben wissen, mit wem sie es zu tun hatte. Anscheinend ist das nun auch Marie von Sivers' Intention, doch diesmal befindet sich Ita nicht in der Rolle der Betrachterin, sondern in der der Betrachteten.

Was denn so dringend zu besprechen sei, will Rudolf Steiner wissen. Ganz einfach: Ita ist mit ihrer Arbeit als Heilgymnastin und Masseurin nicht zufrieden. Sie ist beliebt bei ihren Patientinnen und Patienten, doch das reicht ihr nicht. Kaum fertig mit der Ausbildung in Schwedischer Heilgymnastik, die sie sehr schätze, sei sie bereits an einem Endpunkt angekommen und schließlich nicht mehr so jung, dass sie noch lange überlegen könne, welchen Weg sie einschlagen solle. 28 Jahre ist sie zum Zeitpunkt dieses Treffens. Marie von Sivers ist 37 Jahre und Rudolf Steiner 43 Jahre alt.

Beide raten ihr, mit ihrer Tätigkeit aufzuhören und stattdessen in Zürich Medizin zu studieren. Dort seien Frauen ohne Weiteres zum Studium zugelassen. Ita bedankt sich umständlich, druckst eine Weile herum und gesteht dann, dass sie die Voraussetzungen für die Immatrikulation nicht erfülle, weil sie kein Abitur vorweisen könne. Sie habe ihre Schullaufbahn in Arnheim vor dem Absolvieren der Reifeprüfung abgebrochen. Doch auch in diesem

Fall wird sie von Doktor Steiner nicht enttäuscht. Er weiß Rat. Er werde sich dafür einsetzen, dass sie die Gymnasialausbildung samt Abschluss unproblematisch nachholen könne, er kenne da einen Professor in Zürich, der es ermöglichen werde.

Ita ist verblüfft. Sie hat zwar auf Doktor Steiners Unterstützung gehofft, aber nicht gedacht, dass diese so direkt und konkret ausfallen würde. Begeistert platzt es halb auf Deutsch, halb auf Holländisch aus ihr heraus, wie froh sie sei, dass sie nun eine Perspektive sehe. Schon lange habe sie es satt, immer nur zu machen, was die Ärzte sagten, selbst wenn sie anderer Auffassung sei und die verordnete Therapie ihren Erfahrungen widerspreche. Es sei von jeher ihr größter Wunsch gewesen, Medizin oder eine verwandte Wissenschaft zu studieren. Doch sie habe keine realistische Möglichkeit gesehen.

Dieses Bekenntnis stößt bei Marie auf Verständnis. Sie weiß nur zu gut, wie es ist, wenn man daran gehindert wird, den Lebensweg einzuschlagen, zu dem man sich berufen fühlt. Ihr, dem wissbegierigen jungen Mädchen, war seinerzeit in Petersburg zunächst das Erlernen der griechischen Sprache und später das Studium der Sprach- und Vergleichenden Religionswissenschaft verweigert worden. Für alles, was Marie sich schließlich selbst angeeignet hatte, waren anstrengende Umwege notwendig gewesen, zum Beispiel die für Frauen ihrer Gesellschaftsschicht typische Lehrerinnenausbildung. Die Erlaubnis dafür war das Äußerste an Zugeständnis, das ihr die Familie gewährte. Sie bot zumindest die Möglichkeit einer gewissen Unabhängigkeit. Diese zu erlangen war eins ihrer Lebensziele. Damit hat sie etwas gemein mit der zehn Jahre jüngeren Frau, die nun vor ihr sitzt und trotz negativer Erlebnisse immer noch voller Zuversicht, Neugier und Mut in die Zukunft blickt.

Auf Itas Frage, ob sie nicht besser in Berlin Medizin studieren solle, denn dann könne sie hier weiterhin Doktor Steiners Vorträge besuchen, antwortet diesmal nicht dieser, sondern Marie von Sivers: »Gehen Sie in die Schweiz – unsere ganze Bewegung kommt doch in die Schweiz.«

Die Insel der hundert Vulkane

»Ita ist geboren am 22. Februar 1876 in West-Java, Residenz Krawang, auf der Zuckerfabrik Parakanteroes, was übersetzt bedeutete ›Der geradeaus gehende Weg‹.« Mit diesen Worten beginnt Charlien Hupkes, geborene Wegman, ihren Bericht über die Kindheit und Jugend ihrer älteren Schwester und resümiert: »Auf der Fabrik hatten wir ein freies und angenehmes Leben.« Die beiden Mädchen wuchsen zusammen mit drei Geschwistern – einer Schwester und zwei Brüdern – in einer großbürgerlichen niederländischen Kolonialfamilie auf.

Im 17. Jahrhundert waren die Niederlande eine der wichtigsten Kolonialmächte der Welt. Die Hälfte des Welthandels wurde von ihnen betrieben, sodass man von einem »Goldenen Zeitalter« der Niederlande sprach. Zu ihren Kolonien gehörte das heutige Indonesien, das damals offiziell Niederländisch-Indien genannt wurde. Die Insel Java, auf der Ita Wegmans Geburtsort liegt, war das wirtschaftliche und politische Zentrum des Landes. Sie misst über 1000 Kilometer von West nach Ost bei einer Breite von etwa 200 Kilometern und ist vulkanischen Ursprungs. Einige der 100 Vulkane sind bis heute aktiv.

Ita Wegmans Leben begann mit einer gewissen Sorglosigkeit und Lässigkeit gegenüber Fakten, die sie ihr Leben lang beibehalten sollte: Es sind sowohl verschiedene Geburtsdaten als auch verschiedene Namensvariationen im Umlauf. Ihr offizieller Name, der bei der Geburt vermerkt wurde, lautete Maria Hendrika. Übliche Variationen von Hendrika, der weiblichen Form von Heinrich, sind: Henny, Rika, Riek, Iek. Ungewöhnlich war der Name, den ihre Familie für sie gewählt hatte und der in der Korrespondenz ihrer Schwester auftaucht: Iet. Daraus entwickelte sich später Ita. In ihren Unterlagen tauchen weitere unterschiedliche Variationen ihres Namens auf: »Agnes Wegman« auf einem Diplomzeugnis aus Berlin im Jahr 1902, im Züricher Universitätsregister findet man »Maria H. Wegman« und »Marie Wegman«. Manchmal wird ihr Nachname auch mit Doppel-n geschrieben. Ihre Dissertation an der Züricher Universität veröffentlichte sie 1912 als »Maria Ita Wegman, praktische Ärztin aus Java«. Ihr holländischer Pass von 1931 trägt die Unterschrift »Ita Maria Wegman«.

Ähnlich ungenau geht sie mit ihrem Geburtsdatum um: Im Reichsarchiv in Den Haag und in den Angaben der Familie Wegman wird das Geburtsjahr 1876 festgehalten. Doch sowohl im Pass von 1916 als auch von 1931 lautete die Angabe »1878«, genau wie bei verschiedenen Einträgen zu ihrem Wohnungswechsel im Einwohnerregister der Stadt Zürich.

Itas Geburtsort Parakan-Terus (Parakanteroes) liegt 60 Kilometer entfernt von der damaligen Hauptstadt Batavia, dem heutigen Jakarta. Ihr Vater Hendrik Wegman war Verwalter der dortigen Zuckerfabrik. Der Sohn eines holländischen Seemanns stammte aus Amsterdam. Nachdem er dort eine Maschinistenschule besucht hatte, fuhr er im Alter von 18 Jahren auf dem Segelschiff »Electra«, dessen Kapitän sein Vater war, nach Niederländisch-Indien und trat dort seine Stelle in der Zuckerfabrik an. Er war zuständig für die technischen, wirtschaftlichen und sozialen Angelegenheiten der Fabrik, beaufsichtigte sowohl die europäischen als auch die einheimischen Mitarbeiter und regelte den Anbau, die Ernte und die Verarbeitung von Zuckerrohr. Charakterisiert wird er als fleißig, gut organisiert, durchsetzungsfähig, dabei manchmal autoritär und aufbrausend. Doch immer verantwortungsvoll im Dienste der Sache – Eigenschaften, die sich auch bei seiner Tochter Ita wiederfinden –, jedenfalls kommen sie in den Beschreibungen ihrer späteren Mitarbeiterinnen vor.

Mit 30 heiratete Hendrik Wegman eine junge Holländerin, Henriette Maria Offers. Sie stammte aus einer vermögenden Großgrundbesitzerfamilie, ihr Vater war Vorsteher der kolonialen Lagerhäuser in Bandung, einem der wichtigsten Handelszentren Javas. Henriette Offers wird als mütterlich, empathisch und emotional stabil beschrieben. Auch davon findet sich vieles in ihrer ältesten Tochter wieder. Die junge Familie genoss wie alle niederländischen Siedler aus den Kolonialstaaten viele Privilegien, angefangen bei den Wohnverhältnissen. Sie lebte auf einer Plantage in der Nähe der Zuckerfabrik, deren Verwalter Hendrik Wegman war.

Die Häuser europäischer Familien waren großzügig gebaut und verfügten über einen gewissen Luxus. Die Räume hatten hohe Decken und marmorne Fußböden. An der Vorderseite und an der Rückseite des Gebäudes befanden sich Galerien. Daran angrenzend, lagen die Schlafzimmer der Familie, die Gästezimmer, das Arbeitszimmer des Hausherrn, das Ankleidezimmer seiner Gattin und die Zimmer der Dienerschaft. Tagsüber waren die Fenster mit Jalousien verschlossen, um die Sonne und die Hitze fernzuhalten. Gäste waren willkommen, Geselligkeit und Gastfreundschaft wurden im großbürgerlichen Milieu gepflegt, galten als selbstverständlich. Zu den Anwesen gehörte fast immer ein Garten mit Bäumen, Büschen, Blumen und Kräutern. Tagsüber war es still, nachts umso lauter. Da waren die Rufe von Vögeln und wilden Tieren wie Affen zu vernehmen. Die Natur lärmte und machte ständig auf sich aufmerksam.

Mit im Haus der Familie lebte ganz selbstverständlich die Dienerschaft, die den Haushalt bestritt, den Garten pflegte und die Tiere versorgte. Für jedes Kind gab es ein eigenes Kindermädchen, eine »Babou«, die zeitweise die engste erwachsene Bezugsperson war und dem Kind näherstand als die Mutter – vor allem körperlich. Sie bildete auch das Bindeglied zur einheimischen Bevölkerung Javas und trug deren Mythen und Geschichten weiter. Gute und böse Geister, schützende und bedrohende Dämonen begleiteten ganz selbstverständlich den Alltag der kleinen Ita. Ab und zu brachten sie sich heftig in Erinnerung und forderten Opfer, die ihnen von Schamanen mithilfe von Ritualen dargebracht wurden. Es herrschte die Vorstellung von einer inneren »stillen Kraft«, die es zu entwickeln galt, um sich zu verteidigen. Sie war wirksamer als gewaltsamer Widerstand. Manchmal gab es Stellvertreterhandlungen: Theater und Kunst. Die Schauspielerinnen und Schauspieler verbargen ihre Gesichter hinter Masken, wenn sie die Botschaften der Götter verkündeten. Beliebt war das Puppentheater unter freiem Himmel mit seinen kunstvoll geschnitzten Figuren, die dem Publikum die Überlieferungen aus dem Bhagavad Gita, dem Mahabharata und dem Ramayana vorspielten. Abends wurden auf den Straßen und Plätzen Wajangspiele – Schattenspiele – aufgeführt: Zu den Klängen des Gamelanorchesters ließ der Puppenspieler seine Figuren vor einer Leinwand agieren und bot zwei unterschiedliche Sichtweisen an: Vor der Leinwand waren die realen bunt bemalten Puppen zu sehen, hinter der Leinwand ihre grauen Schatten. Innerhalb des Publikums gab es eine strenge Sitzordnung: vor der Leinwand die Männer, hinter der Leinwand die Frauen.

Ita Wegman wuchs also in einer Welt auf, die geprägt war von einer Spiritualität, die ganz selbstverständlich den Alltag bestimmte. Sie war das älteste Kind der Familie Wegman. Auf sie folgten fünf weitere Kinder, darunter die ein Jahr jüngere Schwester Charlien. Im Mai 1944 berichtete diese in einem Brief an Madeleine van Deventer, eine Mitarbeiterin Ita Wegmans in Arlesheim, von ihrer gemeinsamen Kindheit. Ita selbst hatte keine schriftlichen Notizen über ihre ersten Jahre hinterlassen. Charlien würdigt das Engagement ihres Vaters: »besonders auf sozialem Gebiet leistete er dort sehr schöne Arbeit während einer großen Zuckerkrise, welche damals [1883] in Indien stattfand, bei der die ganze Zuckerindustrie zugrunde zu gehen drohte«. Seine »sozialen Ansichten« habe er nicht nur an seinem eigenen Arbeitsplatz, sondern auch in anderen Fabriken des Landes verbreitet.

Als die beiden Schwestern Charlien und Ita fünf und sechs Jahre alt waren, wurde der Vater in die Zuckerfabrik Gending bei Probolinggo in Ostjava versetzt, was den Umzug der Familie zur Folge hatte. Charlien berichtet, sie habe selbst wenig Erinnerungen an die ersten Jahre in

Westjava, dafür jedoch umso mehr an die folgenden. Da war zum Beispiel der lange Schulweg von ihrem Wohnort Gending in die Hafenstadt Probolinggo, wo die beiden Schwestern bis 1888 die Schule besuchten. Er dauerte eine Stunde und wurde mithilfe einer Kutsche, vor die zwei kleine Pferde gespannt waren, zurückgelegt. Ita, Charlien und zwei Brüder wurden auf dem Weg von einem Bediensteten begleitet. Schon damals zeigte sich Itas Ungeduld und Handlungsfähigkeit. Wenn es ihr nicht schnell genug ging, ihre Droschke mehrfach überholt wurde und sie befand, der Kutscher dirigiere die Pferde zu langsam, veranlasste sie ihn, anzuhalten und ihr die Zügel zu überlassen. »Der Kutscher musste neben ihr sitzen, und in schnellem Tempo ging es weiter. Die Pferde, die ihre Hand durch die Zügel spürten, taten ihr Bestes, und in tüchtigem Tempo ging es vorwärts zur Stadt und zur Schule«, erzählt Charlien. »Wir fuhren dann großartig vor, und es war eine Lust, Iet zu sehen. Sofort klopfte sie den Pferden auf den Rücken, sprach einige Worte mit ihnen, und glorios trat sie in die Schule ein.«

Schon als kleines Kind verfügte Ita über Führungsqualitäten. Ihr Selbstbewusstsein schien ebenso groß zu sein wie ihr Organisationstalent. Sie war diejenige, die sich Spiele für ihre Geschwister und andere Kinder ausdachte. Die üblichen Spielsachen und damit verbundenen Spiele, zum Beispiel mit Puppen und Stofftieren, interessierten sie nicht. Sie hatte eigene Ideen, gab den Ton an, verteilte Aufgaben, bestimmte die Rollen und übernahm die Regie. Was die anderen verblüffte: Immer dann, wenn Ita das jeweilige Spiel zum Laufen gebracht hatte und die Teilnehmenden mit Begeisterung dabei waren, zog sie sich zurück. Sie hatte offensichtlich ihren Part erfüllt und konnte sich nun

Neuem zuwenden. Damit verschaffte sie sich nicht nur Respekt, sondern auch Distanz. Von ihrer Umgebung wurde sie bewundert, aber auch als eigenartig empfunden.

Es war vor allem eine Verhaltensweise, die von ihren Eltern mit Befremden registriert wurde: Immer wenn Ita anderen Menschen gegenübertrat – sei es Besuchern der Familie bei sich daheim oder wenn sie mit ihren Eltern ausging –, blieb sie eine Weile ruhig stehen und schaute sich die Menschen schweigend von oben bis unten an. Es dauerte jedes Mal eine ganze Weile, bis sie sich zur Begrüßung entschloss. Vielleicht gar kein so rätselhaftes Verhalten, wenn man bedenkt, dass sie in einer Welt zu Hause war, in der die unterschiedlichsten Menschen zusammenlebten. In Probolinggo wohnten damals neben den Einheimischen auch Chinesen, Europäer und Araber. Sie alle unterschieden sich äußerlich stark voneinander. Ita wollte sich offensichtlich ihr eigenes Bild machen – unabhängig von den Vorgaben der Eltern und Verwandten. So wie sie es später als Ärztin tat. »Wenn sie einen Patienten aufsuchte, traf sie nie mit vorgefassten Vorstellungen ein«, berichtet die Künstlerin und Maltherapeutin Liane Collot d'Herbois. »Vielmehr machte sie sich innerlich ganz leer. Man mag ihr vielleicht erklärt haben, woran der Betreffende kranke, doch machte ihr dies keinen besonderen Eindruck: Sie wollte stets mit eigenen Augen sehen.«

Diese früh entwickelte Fähigkeit zur Kontemplation wurde ergänzt durch ein heiteres, offenes, manchmal vorlautes Wesen. In die Schule ging sie gern. Ihr Fleiß und ihr Ehrgeiz waren groß, sie wollte in jedem Fach die Beste sein. Zurück von der Schule, verbrachte sie viel Zeit mit Büchern. Sie war eine begeisterte Leserin, deren Interesse besonders historischer Literatur galt. Am liebsten las sie im Garten unter einem der Schatten spendenden riesigen Bäume. Sie war allerdings weit davon entfernt, sich ausschließlich in fiktive geistige Welten zu begeben, sondern liebte es genauso, Sport zu treiben, zu klettern und mit den Pferden zusammen zu sein, die zur Fabrik ihres Vaters gehörten. Doch schon früh setzte ihr der Körper Grenzen in ihrem Bewegungsdrang und ihrer Schaffenskraft. Sie litt bereits als junges Mädchen unter Malariaanfällen, war oft erkältet und an Bronchitis erkrankt. So wurde sie immer wieder gezwungen, ihre Aktivitäten zu drosseln, sich zurückzuziehen und auszukurieren. Krankheit und Tod begleiteten ihre Kindheit. Die 1878 geborene Schwester Hendrika starb im Alter von einem Jahr, der 1881 geborene Henri-Charles wurde neun Jahre alt. Der 1879 geborene Bruder Manta war geistig behindert oder – so die Bezeichnung in der anthroposophischen Heilpädagogik – seelenpflegebedürftig. Daher liegt die Vermutung nahe, dass die kluge, genau beobachtende Ita schon früh ein eigenständiges Verhältnis zur sogenannten Normalität entwickelte.

Jahre ohne Sommer

Der Ausbruch des nahe gelegenen Vulkans Krakatau war das spektakulärste Ereignis der Kindheit Ita Wegmans, das ihr sehr früh die ungeheure Kraft der Natur demonstrierte, der man sich unterordnen musste und die man für sich nutzen konnte. Da war sie sieben Jahre alt.

Zusammen mit den überwältigenden Schauspielen, welche die Natur in dieser Region der Erde bot, lernte sie schon als Kind die Mythen und Erzählungen kennen, mit denen sich die Menschen Naturvorgänge zu erklären versuchten. Danach entstand der Vulkan Krakatau, weil König Rakata seine Söhne voneinander trennen wollte. Die Inseln Sumatra und Java waren noch eins und Rakatas Söhne die Herrscher der beiden rivalisierenden Königreiche. Rakata schüttete Wasser aus einem Lehmkrug an der Grenze entlang und schuf damit die teilweise nur 30 Kilometer breite Meeresstraße zwischen Sumatra und Java. Aus dem Krug, den er zurückließ, entstand der Vulkan Krakatau. Geschichten dieser Art und solche, in denen böse Geister und Dämonen vorkamen, prägten Itas Kindheit.

Der Vulkanausbruch erfolgte in der Nacht vom 26. auf den 27. August 1883. Bis nach Australien war die Explosion auf der zwischen Java und Sumatra in der Sundastraße gelegenen Vulkaninsel Krakatau zu spüren. Jahrhundertelang waren die drei Vulkane Rakata, Danan und Perbuwatan, aus denen sich der Krakatau zusammensetzte, ruhig geblieben, bis er im Mai 1883 plötzlich Feuer zu speien begann. Im August erfolgte der Höhepunkt, als sich der Vulkan in einer gigantischen Explosion, deren Knall noch in 5000 Kilometern Entfernung zu hören war, selbst zerstörte. Bis heute gilt dies als lautestes Geräusch, das jemals ein menschliches Ohr vernommen hat. Heiße Asche fiel wie Regen vom Himmel, Tsunamis verwüsteten die Strände von Java und Sumatra, die Wellen waren 40 Meter hoch. Mehr als 160 Dörfer wurden dem Erdboden gleichgemacht, die Zahl der Toten belief sich auf 36 000.

Es gibt einen Augenzeugenbericht des Ersten Offiziers des amerikanischen Dreimasters »W. H. Besse« von dem spektakulären Ereignis. Das Schiff befand sich knapp 100 Kilometer nordöstlich des Geschehens. »Es war Mitternacht zur Mittagszeit, mit der Bö setzte ein starker Ascheregen ein, die Luft war so stickig, dass man kaum atmen konnte«, notierte der Seemann in seinem Tagebuch. »Fürchterliches Getöse vom Vulkan her, der Himmel voller Lichtblitze … das Heulen des Windes, der durch die Takelage fuhr, war eines der schauerlichsten Erlebnisse, das man sich vorstellen kann … alle glaubten, die letzten Tage der Erde seien gekommen.« Ein niederländischer Kolonialbeamter berichtete: »So weit das Auge blickt, steht nichts mehr außer einem einzelnen Baum, einem riesigen Durian … Er ist das Grabmal eines Haufens von Kadavern und Leichen, die unter Dächern, Häusern und Baumstämmen begraben liegen.«

Fast 70 Jahre früher hatte es in Niederländisch-Indien bereits einen spektakulären Vulkanausbruch gegeben: Im

April 1815 verwüstete der Vulkan Tambora Sumbawa und die benachbarten Inseln. Die Auswirkungen der Eruption waren auf der ganzen Welt zu spüren. Weil es damals lange dauerte, bis Nachrichten von einem Kontinent zum anderen gelangten, wussten die Menschen in anderen Erdteilen zunächst nicht, was geschehen war, während sie längst mit den Folgen des Vulkanausbruchs konfrontiert wurden: Nachdem der Vulkanstaub des Tambora hoch in die Atmosphäre geschleudert worden war, bedeckte er wie ein Schleier die gesamte Erde und sorgte für deren Verdunkelung. Das Jahr 1816 ging als Jahr ohne Sommer in die Geschichte ein.

Dieses Ereignis ist eng verbunden mit der Entstehung eines weltberühmten literarischen Klassikers: Mary Shelley verfasste in dieser Zeit ihren Roman *Frankenstein.* 1816 reiste sie mit ihrer Stiefschwester Claire Clairmont und ihrem zukünftigen Ehemann Percy Bysshe Shelley an den Genfer See und verbrachte den Sommer in der Villa Diodati bei Lord Byron und seinem Leibarzt John Polidori. Die illustre Gesellschaft musste wegen des schlechten Wetters die meiste Zeit in Lord Byrons Domizil verbringen. Mary Shelley berichtet: »Ein feuchter, unfreundlicher Sommer fesselte uns viel ans Haus. Da fielen uns gelegentlich einige Bände deutscher Gespenstergeschichten in die Hände.« Zu der Idee, selbst eine solche Geschichte zu schreiben, war es nicht weit. Während die beiden Männer umgehend mit der Arbeit begannen, zögerte Mary Shelley. Eine der philosophischen Hauptfragen, über die sie diskutierten, war die nach dem Ursprung des Lebens. Weitere Themen waren die Lehren Charles Darwins, die bei den Männern Anklang fanden, während ihnen die 19-jährige Mary Shelley skeptisch gegenüberstand. Ihr Ziel war ein literarisches: Sie wollte eine Geschichte verfassen, »die das tiefste Entsetzen im Leser hervorrufen, das Blut stocken und das Herz heftiger klopfen lassen sollte«, was ihr bekanntlich gelungen ist.

Wie der Ausbruch des Vulkans Tambora so war auch der des Krakatau weltweit zu spüren. Siebenmal wurde die Erde von der Druckwelle umkreist. In der oberen Atmosphäre raste eine riesige Vulkanaschewolke um den Planeten und verursachte eine bisher nie gesehene Lichtbrechung. In der ganzen Welt wurde von grandiosen Sonnenuntergängen berichtet, deren Intensität so extrem war, dass an einigen Orten die Feuerwehr ausrückte, weil man einen Brand vermutete. Angeblich soll der norwegische Maler Edvard Munch diese überwältigenden Eindrücke zum Anlass für sein berühmtes Gemälde »Der Schrei« genommen haben. Es zeigt einen Menschen unter einem roten Himmel mit aufgerissenem Mund und aufgerissenen Augen, der seine Hände fest gegen die Ohren presst, um wenigstens diese zu schützen. Laut eigener Aussage verarbeitete der Maler in seinem berühmten Bild, von dem es mehrere Variationen gibt, eine Angstattacke, die ihn während eines Abendspaziergangs mit Freunden ereilte. Es sei ihm vorgekommen, als hätte er einen unerträglichen Schrei gehört, der die Natur durchfahren hätte. Er habe sich gänzlich isoliert gefühlt.

Der Astronom Douglas Olson von der Texas State University reiste 2004 zusammen mit Kollegen nach Oslo, um zu recherchieren, an welchem Ort der Künstler diese existenzielle Erfahrung gemacht haben könnte. Schließlich fanden sie heraus, dass es sich um die Straße Ljabrochausseen gehandelt haben müsse, die heute den Namen Mosseveien trägt. Vor dort aus hat man einen Blick auf den Osloer Hafen und die Insel Hovedøya, so wie es Munchs Gemälde zeigt.

Die Explosion des Krakatau war mit vielen Sensationen verbunden: angefangen beim lautesten Knall, der bis zu diesem Zeitpunkt registriert wurde, bis hin zu einer vorher nicht gekannten Medienpräsenz. Einige Jahre zuvor waren nämlich die ersten Tiefseekabel in den Weltmeeren verlegt worden, um eine globale Kommunikation möglich zu machen. Auf diese Weise wurde der Vulkanausbruch, der den Untergang der Insel zur Folge hatte, zum ersten weltweiten Medienereignis. Nach der Explosion war von der Insel Krakatau so gut wie nichts mehr übrig. Doch Ende der 1920er-Jahre entdeckte man, dass vom Meeresgrund aus an derselben Stelle eine neue Vulkaninsel emporwuchs, die »Anak Krakatau« – »Kind von Krakatau« – genannt wurde und schon bald Lava spuckte. Ende Dezember 2018 wurde der neue Vulkan von mehreren Eruptionen heimgesucht, die einen Tsunami auslösten, der fast 500 Menschenleben forderte.

Im selben Jahr, als der Ausbruch des Krakatau das Leben in Niederländisch-Indien bedrohte, sorgte eine Wirtschaftskrise für Verunsicherung im Leben der Familie Wegman. Grund war ein Preissturz in Europa, der die sogenannte Zuckerkrise auslöste. Laut Charlien hat Hendrik Wegman damals Umsicht und Handlungsfähigkeit bewiesen und eine nicht näher beschriebene Rettungsaktion ausgeführt, die beide Töchter beeindruckte. Im Zuge dieser Aktivitäten wechselte er zu einer der Banken, die mit der Umstrukturierung der indonesischen Zuckerindustrie betraut waren, was für den 38-Jährigen einen beruflichen Aufstieg bedeutete. Charlien betont einmal mehr seine bemerkenswerten »sozialen Einsichten«, die er öffentlich vertrat und mit denen er »Gutes bewirkte«. Als Ita in den 1920er-Jahren nach der Gründung ihrer Klinik in Arlesheim gefragt wurde, woher ihre betriebswirtschaftlichen Kenntnisse stammten, verwies sie auf ihren Vater. »In meiner Jugend habe ich erlebt, wie er es gemacht hat.«

Abenteuer Europa

Nachdem Ita und Charlien sechs Jahre lang die Volksschule absolviert hatten, wurden sie von Hauslehrerinnen und Lehrern unterrichtet. Doch als Ita 15 und Charlien 14 Jahre alt war, entschieden die Eltern, dass diese Art der Ausbildung nicht das Richtige für ihre Töchter sei, und beschlossen, die beiden nach Europa zu schicken. Vielleicht hatte auch der frühe Tod ihres Sohnes – Henri-Charles starb im Juli 1890 – zu dieser Entscheidung beigetragen. Damals grassierte in Indonesien eine Choleraepidemie, der viele Kinder zum Opfer fielen. Ob Henri-Charles auch daran erkrankt war, ist nicht bekannt.

Zusammen mit ihrer Mutter traten Ita und Charlien 1891 die Seereise an. Fünf Wochen verbrachten sie mit 100 anderen Passagieren und der Mannschaft auf dem Segelschiff. Damals war der Kontakt zwischen den Reisenden und den Seeleuten sowohl sehr eng als auch stark reglementiert. So herrschte bei den Mahlzeiten eine strenge Sitzordnung, die der Kapitän bestimmte. Wann immer es möglich war, hielt man sich an Deck auf, weil es in den winzigen Kabinen eng und heiß war. Den Höhepunkt des Tages bildete neben den Mahlzeiten die abendliche Tanzveranstaltung im Salon. Für die beiden Mädchen im Teenageralter muss der Aufenthalt an Bord ein einziges Abenteuer gewesen sein: zwei schöne junge Frauen, die wenig Erfahrungen mit Flirts, Partys und zwanglosem Zusammensein hatten, auf dem Weg zu einem fremden Kontinent und in ein Land, das als ihr Vaterland bezeichnet wurde, obwohl sie es noch nie gesehen hatten. Unterwegs lernten sie die unterschiedlichsten Menschen kennen und stellten fest, dass der Umgang unter Gleichaltrigen ein viel freierer war als der, den sie aus Java kannten.

Noch stimmungsvoller als die Tage an Deck unter gleißender Sonne waren die romantischen Abende unter einem gigantischen Sternenhimmel. Die Zwischenhalte in den Häfen von Aden, Port Said, Neapel, Southampton ließen die beiden Schwestern in fremde Welten eintauchen, und die Fahrt durch den engen, vor 22 Jahren eröffneten Suezkanal, der die Grenze zwischen Asien und Afrika bildete, war ein regelrechtes Abenteuer.

Welchen Eindruck ihr Reiseziel auf Ita und Charlien machte, lässt sich nur vermuten: Es muss ihnen sofort klar geworden sein, dass ein ganz anderes Leben vor ihnen lag als das bisher geführte – schon allein der Wechsel der Jahreszeiten sorgte für komplett andere Lebensbedingungen. In Krawang herrschte ein tropisches Regenwaldklima. Normalerweise war es sehr heiß und feucht. Die Höchsttemperatur lag zwischen 30 und 32 Grad, die Mindesttemperatur zwischen 23 und 25 Grad. Von Juni bis Oktober war Trockenzeit, im Januar und Februar regnete es. Ein größerer Kontrast zum europäischen Wetter, das sie zunächst in den Niederlanden kennenlernten, lässt sich kaum vorstellen.

Henriette Wegman brachte ihre Töchter zur Familie Wenting nach Arnheim, wo sie die Mittlere Mädchenschule – Middelbare School voor Meisjes – besuchten, die einen sehr guten Ruf besaß. Wie die Verbindung der beiden Familien zustande kam, ist nicht bekannt, doch Bilder des jungen Ehepaars Wegman im Fotoalbum der Wentings lassen vermuten, dass die Bekanntschaft schon länger bestand. Als Ita und Charlien bei Frau Wenting einzogen, war diese 48 Jahre alt und bereits seit 16 Jahren Witwe. Sie hatte zwei Kinder. Mit Elly, die zwei Jahre älter war als sie, freundete sich Ita rasch an.

Zu den Unterrichtsfächern, die Ita und Charlien an der Mittleren Mädchenschule angeboten wurden, gehörten die Sprachen Niederländisch, Französisch, Deutsch und Englisch sowie die Literatur des jeweiligen Landes. Außerdem Geschichte, Geografie, Kosmografie, Botanik, Biologie, Physik, Chemie, Mathematik, Staatslehre und Staatsökonomie, Handwerken, Zeichnen, Singen, Turnen, Gesundheitslehre und Ästhetik. Ita nahm das Angebot begeistert an. Vielleicht ist hier bereits der Ursprung einer Fähigkeit zu finden, die Ita zeitlebens besaß: Eigeninitiative zu entwickeln, sich mit Disziplin, Fleiß und vor allem Neugier ein vollkommen neues Wissensgebiet anzueignen. So etwas sollte sie im Lauf ihres Lebens immer wieder tun. Mit den Sprachen, die sie in der Schule lernte, ging sie allerdings sehr locker und pragmatisch um. Sie waren für sie Mittel zur Verständigung, manchmal kombinierte sie mehrere von ihnen miteinander, was unfreiwillig komisch wirken konnte. Für sie standen stets das Tun und der direkte menschliche Kontakt im Mittelpunkt, nicht das Darüberreden. Sie war keine Theoretikerin, obwohl sie in ihrem späteren Leben durchaus eine umfangreiche Korrespondenz führte, in der sie sich mit Kolleginnen und Kollegen über medizinische Probleme austauschte. »Ob ihrer Herzlichkeit und Begeisterungsfähigkeit haben Menschen oft gestaunt. Sie hatte einen Blick für Menschen – sie wusste, wie sie waren. Sie war ein Mensch, der nicht in Vorstellungen, sondern im Tun lebte«, erklärte ihr Biograf J. E. Zeylmans van Emmichoven.

In der Familie Wenting herrschte eine kultivierte gastfreundliche Atmosphäre. Charlien spricht davon, dass sie und ihre Schwester dort ein Zuhause fanden. Als typische europäische Provinzstadt mit einem pittoresken Stadtzentrum, dem Kornmarkt, den engen Gassen, in denen es kleine Läden gab, war Arnheim der geeignete Ort, sich in Europa heimisch zu fühlen. »Dort hatten wir eine herrliche Zeit«, heißt es in Charliens Aufzeichnungen. In ihrem neuen Zuhause erhielten sie vielfältige kulturelle Anregungen und lernten den Kontinent ihrer Vorfahren schätzen: »In vollen Zügen genossen wir alles, was Europa der Menschheit schenken kann, schöne Musik, wofür Arnheim damals sehr bekannt war, viele schöne Theatervorstellungen, Opern etc.« Die Stadt verfügte über ein eigenes Symphonieorchester und die berühmte Konzerthalle »Musis Sacrum«, die 1847 eröffnet wurde. Ein Blick auf damalige Theaterprogramme lässt ahnen, welches Spektrum an Stücken, Opern und Konzerten dem Publikum geboten wurde: Ibsen, Molière, Verdi, Bizet, Mozart standen auf dem Spielplan.

Besonders der norwegische Dramatiker Henrik Ibsen war damals in aller Munde und galt für junge, aufbegehrende Frauen als eine Art Vordenker. Seine Kritik an der Unterdrückung der Frau, an der rigiden Rollenzuweisung und an der bürgerlichen Familie, die nur mithilfe von Lebenslügen existieren konnte, beeinflusste in Europa eine ganze Generation. Ibsen schildert eigenständige Frauen, die zwangsläufig in Konflikt mit den gesellschaftlichen

Normen geraten. Doch er lässt sie sich nicht als Opfer beklagen, sondern von der Erleidenden zur Handelnden entwickeln, allen voran seine Protagonistinnen Nora und Hedda Gabler. In den Lebensgeschichten und -katastrophen, die er auf die Bühne brachte, erscheint die Kleinfamilie als Keimzelle der bürgerlichen Gesellschaft, die der Frau keine Entfaltungsmöglichkeiten bietet und das Glück aller, auch das des Mannes, erstickt. Ibsen sprach den aufbegehrenden Frauen des Fin de Siècle aus der Seele und gab die Zielrichtung ihrer Rebellion vor: gegen die alte Ordnung, für eine neue Welt, einen neuen, freien Menschen! Naturgemäß löste er in der gesamten europäischen Kulturszene heftige Diskussionen aus.

Doch Henrik Ibsens Gesellschaftskritik äußerte sich nicht nur auf rationale Weise, sondern ließ in einigen Stücken eine Dimension von Spiritualität erkennen, die mit großer Selbstverständlichkeit dargestellt wurde. So auch in dem 1888 erschienenen Drama »Die Frau vom Meer«, das 1889 gleichzeitig in Christiania (Oslo) und Weimar uraufgeführt wurde. Thema ist die Anziehungskraft des Meeres, der sich die Menschen nicht entziehen können. »Das Meer beherrscht die Macht der Stimmungen, eine Macht, die wie ein Wille wirkt. Das Meer kann hypnotisieren. Die Natur überhaupt kann es«, schreibt Ibsen in seinen Notizen zu diesem Stück.

Aber auch Menschen sind dazu in der Lage: Wie hypnotisiert bewegt sich die Protagonistin Ellida durch die kleine norwegische Fjordstadt, in der sie mit ihrem Mann und ihren Stieftöchtern lebt. Meistens ist sie allein, ihre Liebe und ihre Sehnsucht gelten dem Meer, wo sie vor langer Zeit von ihrer großen Liebe, dem namenlosen fremden Seemann, Abschied nehmen musste. Um ihre unlösbare Verbindung zu besiegeln, warf er zwei Ringe ins Meer. Doch irgendwann sucht Ellida einen Ausweg, um sich davon zu befreien und ein neues Leben zu beginnen.

Ita und Charlien waren neugierig auf neue Lebensformen. Was den beiden Schwestern besonders gefiel, war das Reisen. »In den Ferien machten wir immer Auslandsreisen, waren oft in Brüssel bei einem Freunde meines Vaters, und so gingen die herrlichen Jahre vorbei«, erzählt Charlien. Zu den Städten, die sie besuchten, gehörten London, Paris, Berlin, Köln. Von den Kunstsammlungen und Museen waren sie überwältigt. Erst jetzt erkannten sie, was sie bisher entbehrt hatten. Wahrscheinlich entstand in dieser Zeit Itas Wunsch, Europa besser kennenzulernen, ohne ihr Leben in Java aufgeben zu müssen. Sie würde einen Weg für sich finden, beides miteinander zu verbinden.

Kurz bevor Ita 19 Jahre alt wurde, im Dezember 1894, machten sie und Charlien sich auf die Reise zurück nach Java. Ita schrieb ein Gedicht mit dem Titel »Erinnerung« in Frau Wentings Album. Ob sie es selbst verfasst oder aus einem Gedichtband entnommen hat, ist nicht bekannt. Es heißt darin: »Die Menschen begegnen einander auf Erden / Und schließen sich innig an / Sie leben und arbeiten und leiden zusammen. / Und die sich am liebsten gewesen sind / Die lassen einander allein, / Und die sich am engsten verbunden gewusst, / Müssen am weitesten auseinander sein.«

Ita hat das Gedicht mit der Widmung versehen: »Meine liebe Mevrouw, denken Sie, wenn Sie dies lesen, an Ihre Sie herzlich liebende Iet Wegman, die Sie nimmer vergessen wird. Arnheim, 16. Dezember 1894«.

Ihre Zeilen scheinen visionär zu sein, sich nicht nur auf das aktuelle Ereignis, den Abschied von Frau Wenting, zu beziehen, sondern darüber hinaus auf die Zukunft zu richten – so als hätte sie gewusst, welchen tragischen Verlust sie schon bald würde beklagen müssen.

Von Arnheim ging es nach Paris, Weihnachten und Silvester feierten sie an der Riviera, Anfang des neuen Jahres fuhren sie von Nizza nach Genua und gingen dort an Bord des Schiffes, mit dem sie die Heimreise nach Java antraten. Die beiden jungen Frauen reisten nicht ganz allein, sondern laut Charlien »unter Führung alter guter Freunde« der Eltern. Was sie zu diesem Schritt – einer Rückkehr nach Java ohne Schulabschluss – veranlasst hat, ist nicht bekannt. Vermutlich hatte es familiäre Gründe, denn die beiden Schwestern wären gern länger in Arnheim geblieben, wie aus den wenigen schriftlichen Äußerungen – Charliens Brief und Itas Abschiedsgedicht – hervorgeht.

Gleichzeitig freuten sie sich auf das Wiedersehen mit ihrer Familie und der vertrauten Welt, in der sie aufgewachsen waren. Auf der Rückreise lernte Ita einen jungen Offizier kennen und verliebte sich in ihn. Seine Garnison befand sich 50 Kilometer südlich von Batavia. Kurz nachdem sich die beiden verlobt hatten, erkrankte er an einer Lungenentzündung und anschließend an Tuberkulose. Die Krankheit verlief tödlich. Charlien handelt dieses für ihre Schwester existenzielle Erlebnis in ihrem Brief an Madeleine van Deventer sehr kurz ab und zieht das Resümee: »Sie hat es sich wohl sehr zu Herzen genommen; da sie den jungen Mann aber nur so kurz gekannt hatte, hatte sie es auch ziemlich bald überwunden, obwohl sie noch oh so lange danach mit seiner Familie hier in Holland korrespondiert hat.« Das war vermutlich eine Bagatellisierung des traurigen Ereignisses, das für Ita noch längst nicht bewältigt war.

Für die 19-jährige Ita war der Verlust ihres Verlobten eine weitere Erfahrung, die ihr zeigte, wie nah Freude und Trauer, Glück und Leid, Leben und Tod nebeneinanderlagen. Schon als Kind hatte sie den Tod zweier Geschwister miterlebt – mit drei Jahren den Tod ihrer Schwester, mit 14 den Tod ihres Bruders. Auch im Haus der Wentings war der Tod präsent und irgendwie immer Thema. Auf unterschiedliche Weise wurde an den verstorbenen Familienvater gedacht. Zwar hatte ihn Ita nicht persönlich gekannt, aber der nicht enden wollende Schmerz seiner Witwe hatte ihn ihr nahegebracht. Und nun ein weiterer geliebter Mensch. Einer, mit dem sie sich eng verbunden fühlte, einer, der es ernst mit ihr meinte und vorgehabt hatte, mit ihr ein gemeinsames Leben aufzubauen.

Die Zeilen, die sie Frau Wenting zum Abschied gewidmet hatte, scheinen im Nachhinein prophetisch gewesen zu sein. Darin heißt es auch: »Die, für die Trennung am bittersten war, / Sehen sich manchmal nicht wieder. / Nur in Träumen vor ihrer Seele schwebt / Das Bild ihnen, sorgenlos einst.«

Um ihre Trauer zu überwinden und ihr seelisches Gleichgewicht wiederzugewinnen, stürzte sich Ita zusammen mit Charlien ins gesellschaftliche Leben. Charlien liebte Partys und Bälle, Tanzvergnügungen und Sportveranstaltungen. Ita machte sich zwar wenig daraus, fühlte sich aber verantwortlich für ihre kleine Schwester und begleitete sie. Sie hoffte wohl, ihren Schmerz und ihre Trauer betäuben zu können. »Unser Leben als junge Damen in Indien war auch sehr eigentümlich«, gibt Charlien zu. »Von einem herrlich reichen Leben in Europa kamen wir jetzt in ein leeres indisches Leben voll Amüsements wie Tanz und Flirt usw., etwas, was Iet absolut nicht gefiel.«

Ihr war bewusst, dass Ita nur ihretwegen daran teilnahm, »weil sie dachte: ›Ich kann meine jüngere Schwester doch nicht allein lassen an diesen Ballabenden.‹«

Charlien verliebte sich bald in einen jungen Mann und heiratete ihn im Oktober 1896. Ita fühlte sich erleichtert, von einer Last befreit. So konnte sie sich endlich wieder auf sich selbst konzentrieren und herausfinden, was ihr im Leben wichtig war. Ihre Schwester hatte das längst erkannt: »Iet war mehr für ein ernstes Leben, dieses leere Dasein sagte ihr nicht zu.« Darauf wiesen auch die Signale hin, die ihr Körper aussandte: Die Malariaanfälle häuften sich. Weil sie das Meeresklima an der javanischen Küste nicht vertrug, schickte man sie zur Genesung in das Haus in den Bergen, das ihr Vater gekauft hatte. In der Ruhe und Abgeschiedenheit fand sie zu sich selbst und schöpfte neue Kraft. Sie begann, Pflanzen zu züchten, ließ sich Samen aus dem fernen Holland liefern und legte einen herrlichen Blumengarten an. »Ein Weg mit den prächtigsten Rosen war die Zierde des Gartens«, schwärmte Charlien. Oft wurde Ita von ihrer Mutter besucht, die viel allein war, weil ihr Mann im Rahmen seiner beruflichen Tätigkeit ständig auf Reisen ging. In ihrer Gegenwart fühlte sich Ita wohl – wie überhaupt in der Bergeinsamkeit, die sie nutzen wollte, um zu genesen und sich darüber klar zu werden, welchen Weg sie in Zukunft beschreiten wollte.

Starke Frauen

Während ihrer Auszeit in den Bergen freute sich Ita besonders über Besuche von Henny Steinbuch. Die 30-jährige Holländerin war eine geborene Bastiaans, seit Kurzem mit einem Beamten der Kolonialbank verheiratet und hatte ein kleines Kind. Sie hatte an der Musikhochschule Amsterdam Musik studiert, arbeitete nun als Musiklehrerin und erteilte Ita Gesangs- und Klavierunterricht. Ein Bindeglied ihrer Freundschaft war das gemeinsame Interesse an der Theosophie. Wann die beiden Freundinnen damit in Berührung gekommen waren, ist nicht bekannt. Auch nicht, wer von beiden die andere dazu angeregt hat oder ob sie die Geheimlehre gemeinsam entdeckten und vielleicht sogar schon früh Mitglieder der Theosophischen Gesellschaft waren.

Die Theosophie war damals im niederländisch-indischen Kolonialmilieu populär. Auch für Ita diente sie dazu, die unterschiedlichen Lebensformen, mit denen sie in Asien und Europa konfrontiert worden war, in eine Weltsicht zu integrieren. Das half ihr, Schicksalsschläge und ihre Lebenskrise zu überstehen.

Der Begriff Theosophie stammt aus dem Griechischen, wird abgeleitet von Theos (Gott) und Sophia (Weisheit) und bedeutet damit göttliche Weisheit. Theosophie will aber nicht als Religion im herkömmlichen Sinne verstanden werden, sondern als eine Synthese des inneren Kerns, den viele Religionen gemeinsam haben. Sie ist eine Glaubenslehre, die vorgibt, von allen Menschen intuitiv verstanden werden zu können. In der Theosophie gibt es keinen einzigen höchsten Gott wie in den monotheistischen Religionen, sondern sie vertritt einen Pantheismus, der die Natur in ihrer Gesamtheit als Gott betrachtet. Das bedeutet, dass Gott in allem, selbst im kleinsten Teilchen, enthalten ist. Der theosophische Erklärungsanspruch ist allumfassend und verspricht dem Menschen Einsicht in sein individuelles Schicksal und seine Stellung im Kosmos.

Gründer des Zweigs der Theosophie, der sich Ende des 19. Jahrhunderts durchsetzte, waren Helena Petrovna Blavatsky und Henry Steel Olcott. H. P. Blavatsky wurde am 12. August 1831 im russischen Jekaterinoslaw (heute Dnipro, Ukraine) geboren. Väterlicherseits stammte sie von der deutschen Adelsfamilie von Hahn ab, mütterlicherseits war sie die Enkelin der russischen Prinzessin Helena Dolgoruki. Als sie 17 Jahre alt war, verließ sie Russland und ging auf Reisen. Damit begann ein Unterwegssein, das ihr Leben bestimmen sollte. Es führte sie um die ganze Welt. Ausgestattet mit einem außergewöhnlichen Charisma, erzeugte sie überall, wo sie in theosophischer Mission auftrat, Erstaunen und Begeisterung. Ihr Ziel war es, die spirituelle Intuition, die sie in jedem Menschen sah, zu wecken und wirksam und lebendig werden zu lassen. Damit wollte sie einen Beitrag leisten, die blinde Wissenschaftsgläubigkeit des 19. Jahrhunderts zu überwinden.

1873 wurde sie amerikanische Staatsbürgerin und ließ sich in New York nieder, wo sie 1875 die Theosophische

Gesellschaft gründete. 1877 publizierte sie ihr erstes umfangreiches Werk *Isis entschleiert* und erregte damit weltweit Aufsehen. Darüber hinaus veröffentlichte sie Artikel in Zeitschriften und Magazinen, in denen sie erörterte, warum nur die Synthese von Wissenschaft, Religion und Philosophie die Welt zu erklären vermag. Sie wollte dem allgemein vorherrschenden engen Materialismus ein erweitertes, lebendiges geistiges Weltbild gegenüberstellen.

Offensiv und polemisch kritisierte sie die Dominanz und Deutungshoheit von Kirche auf der einen und Wissenschaft auf der anderen Seite. Sie nannte zwei unterschiedliche Wege, sich Wissen anzueignen. Erstens: indem man den Grundsätzen der Kirche oder der Wissenschaft blind Glauben schenkt. Zweitens: indem man Distanz zu beiden hält und beginnt, die Wahrheit selbst herauszufinden. Auch die Reaktion darauf hatte sie im Blick: So sei die erste Methode leicht zu bewältigen und werde noch dazu gesellschaftlich mit Respekt und Anerkennung belohnt, während die zweite schwierig sei und neben der Wahrheitsliebe ein unbestechliches Durchhaltevermögen voraussetze.

Wo immer sich Helena Blavatsky aufhielt, sammelte sie die unterschiedlichsten Menschen um sich: Wissenschaftler, Philosophen, Künstler, Dichter, und Politiker nahmen lange Reisen auf sich, um mit ihr in einen regen Gedankenaustausch zu treten. Dafür, dass sie schon zu Lebzeiten zu einer Legende wurde, hat sie selbst gesorgt – mithilfe von Geschichten und Vorführungen, in denen sie parapsychologische Phänomene wie die Materialisierung von Gegenständen und Kontaktaufnahme mit Verstorbenen darbot. Ihre Auftritte waren von einer Suggestivkraft, der sich nur wenige entziehen konnten. Sie übte auf Berühmtheiten aus den unterschiedlichsten Bereichen große Faszination aus, darunter der Erfinder Thomas A. Edison, die Pädagogin Maria Montessori, die Maler Piet Mondrian, Wassily Kandinsky, Paul Klee, Paul Gauguin, die Komponisten Gustav Mahler und Jean Sibelius, die Salonière und »Femme fatale« Alma Mahler-Werfel, die Dichter Hermann Hesse, James Joyce, T. S. Eliot und William Butler Yeats, der von ihr zu einigen hinreißenden Gedichten inspiriert wurde. Daran konnte auch die Tatsache nichts ändern, dass einige ihrer spektakulären Auftritte als Schwindel entlarvt wurden.

1881 gründete sie in Bombay den indischen Zweig der Theosophischen Gesellschaft. 1885 kehrte sie zurück nach Europa, lebte in Würzburg, Ostende und zuletzt in London, wo sie an ihrem zweiten umfangreichen Buch arbeitete. 1888 veröffentlichte sie *Die Geheimlehre.* In ihren letzten Lebensjahren, in denen sie von schweren Krankheiten gezeichnet war, sammelte sie Beiträge für das *Theosophical Glossary,* das ihre Hauptwerke erläutern und Begriffe erklären sollte. Die Veröffentlichung dieses Nachschlagewerkes erlebte sie nicht mehr. Sie starb am 8. Mai 1891 in London.

Ita setzte sich nicht nur theoretisch mit theosophischen Themen auseinander. Damit verbunden waren auch Konsequenzen für ihren Alltag: Achtsamkeit, Kontemplation, vegetarische Ernährung. Itas Vater missbilligte die Entwicklung seiner ältesten, mittlerweile 21-jährigen Tochter: ihren Rückzug in die Bergeinsamkeit. Er hatte ihren dortigen Aufenthalt nur als vorläufig verstanden, das Haus in den Bergen als Ort der Erholung, dem sie nach ihrer Genesung den Rücken kehren würde. Doch sie machte keine Anstalten, ihr selbst geschaffenes Pflanzenparadies zu verlassen, sondern züchtete weiter Rosen, vertiefte sich in esoterische Schriften und studierte zusammen mit ihrer neun Jahre älteren Freundin Henny fremde Heilslehren. Wozu sollte das gut sein? Auch von der vegetarischen Ernährung hielt er nichts, sondern vertrat die Auffassung, gerade in Phasen der Malariakrankheit benötige sie fleischliche Kost, um sich zu stärken. Vor allem aber wollte er, dass sie, seine schöne, kluge Tochter, am gesellschaftlichen Leben teilnahm – wie sollte sie sonst einen Ehemann kennenlernen?

Was ihn wohl am meisten beunruhigte, war die Tatsache, dass er gegen ihren Eigensinn keine Chance hatte. Genau wie damals, als sie noch ein Kind war und schon einen eigenen Kopf hatte, wenn es darum ging, anderen Menschen gegenüberzutreten. Dass sie einen eigenen Beruf anstrebte, gefiel ihm auch nicht. Obwohl er für eine gute Schulausbildung seiner Töchter gesorgt hatte, passte ihm diese Art von Eigenständigkeit einer Frau überhaupt nicht.

Für die Töchter des gehobenen Bürgertums gehörte Bildung zum guten Ton, allen voran Fremdsprachen zum Zweck der mehrsprachigen Konversation, aber auch schöngeistige Fertigkeiten wie das Klavierspiel oder der Gesang. Nicht virtuos oder gar als Beruf, sondern um die Familie und vor allem ihren Ehemann zu erfreuen. Die Frau sollte daheim eine Welt der Schönheit und Harmonie schaffen, in der sich der Mann vom kalten, rationalen Geschäftsleben erholen konnte. Dass diese Fertigkeiten nicht über den Amateurstatus hinausgehen durften, war ungeschriebenes Gesetz. An Charme, Kontaktfreudigkeit und Herzlichkeit mangelte es Ita nicht. Außerdem hatte sie Humor, ihr herzhaftes Lachen wirkte ansteckend auf ihre Umgebung und vermochte schwierige Situationen zu entspannen. Auf diese Weise setzte sie sich auch innerhalb ihrer Familie durch.

Als Ita 23 Jahre alt war, erkrankte ihr Vater schwer. Das Leben in den Kolonien – er arbeitete mehr als drei Jahrzehnte dort – hatte seiner Gesundheit empfindlich zugesetzt und zu einem Herzleiden geführt, das ihn 1899 veranlasste, Niederländisch-Indien zu verlassen und nach Holland zurückzukehren. Aufgrund seiner gehobenen Anstellung war sein Lebensabend finanziell gesichert. Er erhielt eine großzügige Pension, die es ihm ermöglichte, den Aufenthalt seines seelenpflege-bedürftigen Sohnes Manta in einem Rotterdamer Pflegeheim zu finanzieren. Manta lebte dort seit seinem 27. Lebensjahr.

Die Krankheit des Vaters war es letztlich, die Ita den Weg in eine eigenständige Zukunft erleichterte, angefangen mit einer Ausbildung zur Gymnastiklehrerin, die sie in Holland absolvierte. Ihr eigentliches Ziel war es, die damals neu aufkommende Schwedische Heilgymnastik und Massage zu erlernen, von der sie schon viel Gutes gehört hatte. Doch dafür war ein Gymnastikstudium Voraussetzung, das sie umgehend absolvierte. Am 29. und 30. August 1902 erhielt »Maria Hendrika Wegman aus Java« in Utrecht das Diplom für den Turnunterricht an den Mittleren Schulen. Damit hatte sie sich die Voraussetzungen für die angestrebte Ausbildung in Schwedischer Heilgymnastik geschaffen und sah sich nach einem entsprechenden Lehrinstitut um.

Zur selben Zeit wie Ita war Henny Bastiaans nach Europa zurückgekehrt. Während Hendrik Wegman eine Kur in Bad Nauheim absolvierte, bei der ihn seine Frau begleitete, wohnte Ita bei ihrer Freundin Henny in Haarlem. Studium und Lebensunterhalt wurden von ihrem Vater finanziert, sodass sie diesbezüglich keine Sorgen hatte. Fotografien aus dieser Zeit zeigen eine junge, eigenwillige Frau, deren Blick auf große Neugier und Abenteuerlust schließen lässt. Nicht nur andere Menschen betrachtete sie kritisch, sondern auch sich selbst. Das Leben in Indonesien hatte ihr eine Naturverbundenheit und Spiritualität vermittelt, die Europa nicht zu bieten hatte. Was ihr dort jedoch gefehlt hatte, waren Kulturereignisse, wie sie sie während ihres Aufenthalts bei der Familie Wenting in Arnheim und den sporadischen Besuchen in den europäischen Metropolen kennengelernt hatte. Sie fürchtete, viel versäumt zu haben, und entschied, dieses nun nachzuholen. Holland erschien ihr bald zu klein und provinziell. Was sie allerdings für Amsterdam einnahm, war das dortige Aufblühen der Theosophie. Welche Vorträge und Zusammenkünfte sie besuchte, ist nicht bekannt, doch es existiert ein Foto, das Annie Besant zeigt, auf dessen Rückseite Ita Wegman notiert hat: »Mrs. Besant, Amsterdam 26. und 27. August 1902«.

Annie Besant war die zweite eigenwillige und selbstbewusste Frau, der Ita im Rahmen ihrer Beschäftigung mit der Theosophie begegnete. Die englische Theosophin wurde am 1. Oktober 1847 als Annie Wood in London geboren. Als Sozialistin und Frauenrechtlerin galt ihr Engagement vor allem der notleidenden Bevölkerung, für die sie eine gerechte Sozialgesetzgebung forderte. Die Nächstenliebe, die das Christentum propagierte, war ihr zu wenig. Sie distanzierte sich früh von ihrem streng religiösen Elternhaus, dessen Engherzigkeit und Dogmatik sie abstieß.

Am 13. November 1887 nahm sie zusammen mit einigen berühmten Persönlichkeiten wie George Bernard Shaw, Eleanor Marx und William Morris an einem Aufstand der

Londoner Arbeitslosen auf dem Trafalgar Square teil. Den 10 000 Protestierenden, die für die Verbesserung ihrer Lebensbedingungen eintraten, standen 2000 Polizisten und 400 Soldaten gegenüber. Der gewalttätige Einsatz der Sicherheitskräfte führte zu drei Toten, 200 Verletzten sowie mehreren Hundert Festnahmen und ging als »Blutiger Sonntag« in die Geschichte Londons ein. Obwohl es verboten war, hielt Annie Besant eine Rede und stellte anschließend die Forderung, wie andere Redner festgenommen zu werden, der man aber nicht entsprach. Damals hatte sie den Ruf, die bedeutendste Rednerin Englands zu sein. Sie organisierte einen Streik der Arbeiterinnen der Streichholzfabrik Bryant and May, der für die Gewerkschaftsbewegung in Großbritannien bedeutend war, wurde im Alter von 40 Jahren Vorsitzende der Londoner Schulaufsicht und sorgte dafür, dass die Schulkinder täglich eine warme Mahlzeit bekamen und medizinisch betreut wurden.

Parallel zu ihrem sozialen Engagement hatte sie sich dem Spiritismus zugewandt und dabei um 1890 die Werke H. P. Blavatskys kennengelernt. Früh wurde sie Mitglied der Theosophischen Gesellschaft. Doch die Zusammenarbeit der beiden Frauen währte nicht lange, da Helena Blavatsky am 8. Mai 1891 verstarb. Nach Henry Steel Olcotts Tod 1907 wurde Annie Besant schließlich Präsidentin der Theosophischen Gesellschaft und ging ins indische Adyar, Madras, wo sie sich zunächst ganz ihrer spirituellen Betätigung widmete. Bereits nach kurzer Zeit betrachtete sie es als ihre Aufgabe, sich der konkreten sozialen Missstände anzunehmen und für die Förderung der Volksbildung einzusetzen. Vor allem die Rechte der indischen Frauen und Kinder lagen ihr am Herzen. 1899 gründete sie in Benares das Central Hindu College, aus dem sich 1917 die Hindu-Universität entwickelte, die ihr 1921 das Ehrendoktorat verlieh. 1913 betätigte sie sich wieder politisch und kämpfte für die Selbstverwaltung Indiens. 1917 wurde sie zur Präsidentin des Indischen Nationalkongresses gewählt. Nach dem Ersten Weltkrieg zog sie sich von der Politik zurück und widmete sich wieder stärker der Theosophie. Sie starb am 20. September 1933 in Adyar.

Gerade die Verbindung von Spiritualität und sozialem Engagement war es, die Ita Wegman mit Annie Besant verband, umso mehr, nachdem sie mit eigenen Augen gesehen hatte, unter welch katastrophalen Bedingungen in den holländischen Fabriken gearbeitet wurde. Die miserablen Arbeitsbedingungen und -zeiten betrafen besonders die Frauen und sorgten für zerrüttete Familien. Oft gab es nicht genug zu essen, Krankheiten grassierten, und für eine angemessene ärztliche Versorgung fehlten die Mittel und das Personal. Es muss für eine wissbegierige, therapeutisch interessierte junge Frau wie Ita Wegman unverständlich gewesen sein, dass es für sie und ihre Geschlechtsgenossinnen damals noch nicht möglich war, Medizin zu studieren. Lediglich paramedizinische Berufe waren für sie vorgesehen. Als Frau der Tat hielt sie sich nicht lange mit Klagen auf, sondern unternahm das, was ihr möglich war: Sie entschied sich für eine Ausbildung in einem Berliner Therapeutikum, das von einem Nachkommen des schwedischen Heilgymnasten Marten Thure Emil Brandt, der die Methode der Schwedischen Heilgymnastik entwickelt hatte, gegründet worden war. Bereits im Dezember 1902, also nur vier Monate nach ihrem Utrechter Diplom als Turnlehrerin, erhielt Ita in Berlin ein weiteres, das ihre erfolgreiche Ausbildung und Prüfung dokumentierte. Dr. med. Thure

Brandt, Berlin, Bülowstr. 107 u. Woltersdorfer Schleuse, schrieb: »Fräulein Agnes Wegman ist von mir in Schwedischer Heilgymnastik und Massage einschließlich die Thure-Brandt'sche Behandlungsmethode gegen Frauenleiden ausgebildet und geprüft worden. Da sich Fräulein Wegman während der Zeit die nöthigen Kenntnisse in Anatomie und Physiologie erworben hat und sich mit Fleiß und Geschick der Massage gewidmet hat, so erkläre ich sie für befähigt dieselbe auszuführen. Berlin, den 20. Dezember Thure-Brandt Dr. med.«

Berlin hatte innerhalb der zweiten Hälfte des 19. Jahrhunderts seine Einwohnerzahl vervielfacht, um 1900 zählte es zwei Millionen. Die Stadt hatte sich zu einem Industrie- und Handelszentrum entwickelt, in dem extreme Gegensätze aufeinandertrafen: auf der einen Seite das bunte, schillernde kulturelle Leben der Flaniermeilen, auf der anderen Seite die verwahrlosten Wohnviertel der Arbeiter mit ihren düsteren Hinterhöfen. Auf Künstler und Schriftsteller übte die laute, verkehrsreiche, schnell anwachsende Metropole eine große Anziehungskraft aus. Ita schaute sich alles genau an, wie es ihre Art war. Einerseits war sie fasziniert von der modernen Architektur, den Tanzpalästen, Bars, Cafés, Varietés und ließ sich von dem Tempo, das in der Stadt vorherrschte, mitreißen. Doch ihr entging auch nicht die andere Seite: Mietskasernen in heruntergekommenen Stadtvierteln, die auf ein trostloses Leben hinwiesen. Neben Glamour und Luxus ließen sich Obdachlosigkeit und Armut nicht übersehen – dafür waren zu viele Menschen davon betroffen.

Was Ita für Berlin einnahm, war die vergleichsweise große Auswahl an Ausbildungsmöglichkeiten im medizinischen Bereich, verbunden mit einem Interesse an neuen

Lebensformen und den damit verbundenen Lehren. Dazu zählten unter anderem Naturheilkunde, Reformpädagogik, Vegetarismus – damals gab es in Berlin 50 vegetarische Restaurants. Der Körper wurde stärker in den Mittelpunkt gestellt, als es bisher üblich war. Dafür sorgten in erster Linie die Frauen, die sich gegen unbequeme Kleidung, allen voran das obligatorische Korsett, aufzulehnen begannen. Diesem einschnürenden körperfeindlichen Kleidungsstück wurde die Schuld an diversen Frauenkrankheiten zugewiesen. Damit sollte es nun vorbei sein, der Körper sollte sich frei entfalten können: Es war die Geburtsstunde des Reformkleids. Doch damit nicht genug: Licht-Luft-Sportbäder wurden eröffnet, um den Körper seinem ursprünglich gesunden Naturzustand anzunähern.

All das entsprach Itas Erfahrungen in ihrem Geburtsland. An diese konnte sie mit der Schwedischen Heilgymnastik anknüpfen und so ihre Vergangenheit mit ihrer Zukunft verbinden. Außerdem war das im Dezember 1902 erworbene Diplom in dieser therapeutischen Technik ein wichtiger Schritt für sie auf dem Weg zur Selbstständigkeit. Noch wurde sie finanziell weitgehend von ihrem Vater unterstützt. Nun nahm sie eine Stelle in einem Institut für physikalische Therapie in Berlin an.

Im Zusammenhang mit Annie Besant hatte sie von Rudolf Steiner und seinen mitreißenden Vorträgen, zuletzt im Juli 1902 auf einem theosophischen Kongress in London, gehört. Nun trat er auch in Berlin auf. Von seinen Gedanken fühlte sie sich direkt angesprochen. Offensichtlich ging er andere Wege als Annie Besant, mit der sie sich in Holland intensiv beschäftigt hatte. Deren Verständnis von Theosophie fand sie »kindlich im Vergleich zu dem, was Rudolf Steiner gab«. Um noch mehr zu erfahren, besuchte sie ihn in seiner Wohnung in Friedenau, erkundigte sich nach weiteren Veranstaltungen und signalisierte, dass sie gern mitarbeiten wollte. Damals war die theosophische Bewegung in Deutschland noch neu und zählte nur 100 Mitglieder, während es in Holland über 700 gab.

Sie habe nach dieser ersten Begegnung 1902 in Berlin »nicht viele seiner Vorlesungen« besucht, erinnert sich Ita Wegman, doch der Vortrag, den sie im Architektenhaus hörte, habe dazu geführt, dass sie mehr von dem charismatischen Redner habe wissen wollen, der über Goethes »Märchen von der grünen Schlange und der schönen Lilie« referierte. Das Kunstmärchen gehört zu der Novellensammlung *Unterhaltungen deutscher Ausgewanderten*, die 1795 erschien. Damit wählte Goethe ein Genre, das in der Romantik seine Blüte entfaltete. Das »Märchen von der grünen Schlange und der schönen Lilie« beginnt damit, dass ein alter Fährmann nachts von zwei Irrlichtern geweckt wird, die den Fluss überqueren wollen. Als Lohn bieten sie ihm Gold, aber er verlangt »Früchte der Erde«: drei Kohlköpfe, drei Artischocken und drei große Zwiebeln. Die Irrlichter machen sich über den Fährmann lustig, versprechen aber, seinen Lohn zu zahlen, und machen sich auf den Weg. Das Märchen ist reich an Bildern, Symbolen und Figuren, darunter ein junger und ein alter Mann, die Prinzessin Lilie und eine sprechende Schlange. Die Handlung ist trotz einiger Verwirrungen spannend: Eine aussichtslos erscheinende Situation löst die andere ab und demonstriert, dass es im Märchen immer eine Lösung gibt und dass die Kunst die Aufgabe hat, Politik, Religion und Wissenschaft zu ersetzen. Dabei wird das Geheimnis der vier Elemente, die zur Schaffung eines Kunstwerks nötig sind, verraten: das Licht, das Gespräch, das Offenbare der Natur und die Liebe, »die nicht herrscht, aber bildet«.

Ita berichtet, sie habe Steiner nach dem Vortrag gefragt, »ob es nicht möglich sei, mehr noch von esoterischer Weisheit zu erfahren«, worauf er sie »bedeutungsvoll« aufgefordert habe, an einem bestimmten Tag in die Motzstraße 17 zu kommen, wo sich Wohnung, Bibliothek und Versammlungsraum befanden. Dort habe er ihr schweigend ein Programm seiner kommenden Vorlesungen überreicht, was sie als Aufforderung betrachtete, diesem »Kennenlernen eine Richtung« geben zu wollen. Sie sei seiner Empfehlung gefolgt und habe an dem genannten Tag in der Motzstraße eine esoterische Stunde erlebt, die lebensentscheidend für sie war: »Von dem Moment ab wusste ich, Rudolf Steiner war mein Lehrer, ist mein Lehrer und wird in der Zukunft mein Lehrer sein.«

Kampf um Bildung

Kurz bevor Ita Wegman erklärt hatte, Rudolf Steiner sei schon immer ihr Lehrer gewesen und werde es auch in Zukunft sein, hatte sich eine andere junge Frau zu ihm bekannt. Die 33-jährige Marie von Sivers, von der – im Gegensatz zu Ita Wegman – einige detaillierte persönliche Aufzeichnungen erhalten sind, betonte die Zwangsläufigkeit ihrer Begegnung mit Steiner: »Mein Weg musste mich zu ihm führen, da er der einzige war, der auf die unsere Generation in dem Zeitalter des intellektualistischen Materialismus bestürmenden Lebensfragen Antwort geben konnte.« Ihre eigene Situation, als sie mit ihm in Berührung kam, charakterisiert sie aus der Position einer Außenstehenden – eine Schreibhaltung, die sie ab und zu einnimmt, wenn sie über ihren Werdegang berichtet: »Man kam aus dem eine gewisse breite humanistische Bildung vermittelnden Petersburg nach Berlin.« Dort habe sie »hervorragende Fachgelehrte« über ihr jeweiliges Gebiet referieren hören können, »gewiss sehr scharf und tiefgründig, aber nur auf dem eigenen Boden«. Das habe den »Ausblick in die Weiten des Alls versperrt«. Auch die Tiefe des vermittelten Wissens sei nur eine scheinbare gewesen und habe sogar »mit einer gewissen Verachtung dasjenige« abgelehnt, »was mit einem kühneren Gedankenflug darüber einst hinausgegangen war«. Gerade diejenigen, die »geistiges Leben« vermitteln wollten, empfand sie als »flach und inhaltslos, an die Wurzeln ging es nie, schöne Worte, leere Worte«.

Marie von Sivers kam am 14. März 1867 in Włocławek, Polen, das damals zu Russland gehörte, zur Welt. Über die unterschiedlichen Angaben zu ihrem Geburtsdatum schreibt sie 1937 im *Nachrichtenblatt der Anthroposophischen Gesellschaft:* »Ich bin in Polen geboren am 14. März. Polen ist ein katholisches Land, in welchem der gregorianische Kalender gilt. Vom zehnten Lebensjahre an war mein Wohnort Petersburg. Russland hat einen anderen, älteren, den julianischen Kalender. Die orthodoxe Kirche konnte sich nicht dem übrigen Europa kalendermäßig anschließen, weil sonst zwölf Heilige gestrichen würden. So fiel mein Geburtstag von nun an, da ich in Russland lebte, auf den 2. März. Mit der Jahrhundertwende kam ich nach Deutschland. Eines Tages meldete man mir, dass jetzt auf meinem in Petersburg ausgestellten Pass stehen müsse: 2. März alten Stils, 15. März neuen Stils, weil durch die im Laufe der Jahre sich ergebenden Ungleichheiten, die durch die Mondverhältnisse bewirkt werden, nun ein Tag mehr sich als Unterschied zwischen diesen zwei Stilen herausstelle.« Doch damit nicht genug: Nach der Russischen Revolution und der damit verbundenen »Abschaffung aller Heiligen« habe die Eintragung wieder lauten müssen: 14. März – wie seinerzeit nach ihrer Geburt im Kirchenbuch in Polen. Der Kreis hatte sich geschlossen. Vielleicht ein früher Hinweis auf die Relativität objektiver Daten und die Notwendigkeit eines Bezugssystems, um ihre Bedeutung einzuordnen und sie zu interpretieren.

Maries Vater, Jacob von Sivers, stand als Generalleutnant im Dienst der russischen Armee. Er stammte aus einer deutsch-dänischen Familie, die seit mehr als 200 Jahren in Russland lebte. Ihre Mutter, Caroline Baum, war die Tochter eines deutschen Arztes. Sie war im Norden Russlands aufgewachsen.

Marie wurde als drittes von fünf Kindern geboren. Sie hatte drei Brüder – Wladimir, Fjodor Jacob, Friedrich Wilhelm – und eine Schwester – Olga –, mit der sie zeitlebens eng verbunden blieb. Olga gehörte beinahe von Anfang an zur anthroposophischen Bewegung.

Um den Ahnherrn der Familie, Admiral Peter von Sivers, ranken sich einige Anekdoten. Er lebte von 1674 bis 1740 zu Zeiten Zar Peters des Großen und war vom Leutnant zur See bis zum Admiral aufgestiegen. Es heißt, bei einer Flottenfahrt habe er von seiner Machtposition an Bord Gebrauch gemacht und den Zaren, der während eines Unwetters das Flottenkommando übernehmen wollte, zum Gefangenen erklärt und in seiner Kajüte eingesperrt. Dem erfahrenen Seemann von Sivers war klar, dass es in dieser heiklen Situation – ein starker Sturm war aufgekommen – nicht nur um die Sicherheit seines Schiffes, sondern um die der gesamten russischen Kriegsflotte ging. Sie drohte verloren zu gehen, wenn auf die extremen Wetterverhältnisse nicht angemessen reagiert würde, und dazu wäre der Zar in seiner Unbedarftheit niemals in der Lage gewesen. Admiral von Sivers' Erfahrung, sein Wissen und sein Mut ließen ihn die drastische Maßnahme der Festnahme des Zaren ergreifen, wohl wissend, dass sie ihn das Leben kosten oder zumindest eine harte Bestrafung einbringen könnte. Ein Zurück gab es für ihn nicht. Doch der Zar war klug genug, die verantwortungsvolle Leistung seines Admirals anzuerkennen. Er wusste, was er ihm zu verdanken hatte. Peter von Sivers wurde in den Adelsstand erhoben und erhielt den livländischen Gutshof Heimthal als Geschenk.

Das Meer als magischer Ort, der Sehnsucht und Respekt zugleich erzeugt, spielt auch in der frühesten Kindheitserinnerung, die Marie von Sivers ihrer späteren Weggefährtin Marie Savitch schildert, eine zentrale Rolle: »Weite Sandflächen und das rhythmische Spiel der Wellen, die an das Ufer heranrollten und sich wieder zurückzogen, das Meer bis in die Ferne, eine blaue Weite.« Es handelte sich um einen Strand an der baltischen Ostseeküste, wo sie in ihrer Kindheit oft den Sommer verbracht hatte. Marie war als Kind sehr klein und sehr zart. Alles an ihr war hell und leuchtend: die goldblonden Haare, das weiß schimmernde Gesicht, die blauen Augen. Sie war von zierlicher Gestalt und so flink und gelenkig, dass sogar ihre Geschwister beim Spielen jedes Mal darüber staunten. Beim Wettrennen war sie kaum einzuholen, nicht einmal von den Erwachsenen. Schon früh zeigten sich ihr Unabhängigkeitsdrang und ihre Reaktionsschnelligkeit, körperlich wie geistig. Auf Vorschriften reagierte sie sofort mit Widerspruch – doch auf so originelle Art und Weise, dass man ihr nicht böse sein konnte. Sie hatte einfach ihren eigenen Kopf und Freude am Disput, und das wurde von ihrer Familie akzeptiert – jedenfalls zu diesem Zeitpunkt. Bei einem kleinen Kind fand man ein solches Verhalten reizvoll, betrachtete es als eine Art Spiel, doch bei der Heranwachsenden bot es Anlass für heftige Konflikte. Das würde Marie zu spüren bekommen.

Als Marie acht Jahre alt war, wurde ihr Vater von Włocławek nach Riga versetzt. Zwei Jahre später quittierte er den Militärdienst und zog mit der Familie nach Petersburg. Dort lebten damals viele Ausländer. Neben Russisch wurde Deutsch, Französisch und Englisch gesprochen. In der großen Metropole mit ihren breiten, geraden, rechtwinklig angeordneten Straßen fühlte sich das zierliche Mädchen nicht heimisch. Trotz der farbenprächtigen Bauten schien etwas Dunkles und Schweres auf der Stadt zu lasten – etwas, gegen das man sich wehren musste, weil es sie sonst zu überwältigen drohte. Auch die Petersburger Wohnung ihrer Familie mit ihren riesigen, hohen Räumen und schweren Türen, die etwas Einschüchterndes hatten, wurde für Marie nie zu einem wirklichen Zuhause. Am meisten störte sie die Leere, das Fehlen von Bildern und schmückenden Gegenständen, von denen man sich inspirieren lassen konnte. Die karge Umgebung wirkte sich auch auf das familiäre Zusammenleben aus. Es war steif und freudlos, im Vordergrund stand das Bestreben, die herrschenden Konventionen und die damit verbundene Ordnung einzuhalten und einen guten Eindruck zu hinterlassen: »schön aufrecht« zu sitzen gehörte dazu. Marie fühlte sich fremd, auch unter ihren Geschwistern, die sich bereitwillig den Vorschriften fügten. So war ihre geliebte Schwester Olga bestrebt, alles richtig und zur Zufriedenheit der Eltern zu machen. Kein Widerspruch, keine Bitte um Erklärung, keine Auflehnung – Marie war die Einzige, die sich wehrte und keinem Streit auswich, sondern ihn eher noch provozierte. Sie musste sich vor Vereinnahmung und Reglementierung schützen, das war ihr früh bewusst. Schweigende Unterordnung kam für sie nicht infrage.

Was Marie am meisten schmerzte, war die völlige Verständnislosigkeit ihrer Mutter. Noch viele Jahre später wunderte sie sich über deren Ignoranz. Wieso konnte sie sich nicht in ihre Tochter hineinversetzen? Schließlich war sie doch auch einmal in einer ähnlichen Situation gewesen.

Marie ging permanent mit offenen Augen und Ohren durch die Welt. Sie war hochsensibel, konnte ihre Gefühlsantennen nicht abschalten, den Aufnahmelevel nicht herabsetzen, sondern war sozusagen »immer voll auf Empfang«. Ihrer übersteigerten Sensibilität war sie weitgehend ausgeliefert, besonders der ihres sensiblen Gehörs. »Jeder Ton offenbarte ihr das Seelische, das in ihm lebte«, berichtet Marie Savitch, die im Folgenden nur mit ihrem Nachnamen genannt wird, um Verwechslungen mit Marie von Sivers zu vermeiden. Überempfindlich für das Wesen eines Klangs, habe sich ihre Seele oft verletzt gefühlt, zum Beispiel wenn einer ihrer Brüder moderne Schlager auf dem Klavier geklimpert habe. Die Plumpheit gewisser Gassenhauer habe ihr physischen Schmerz zugefügt. Dass sie darüber mit niemandem reden konnte, bedrückte sie. Keinem Menschen in ihrer Umgebung konnte sie vermitteln, dass es neben ihrer heftigen Ablehnung gewisser Töne und Tonfolgen etwas gab, »auf was sie mit gespannter Seele lauschte«. Kein Ton, den sie von außen wahrnahm, konnte ihre Sehnsucht stillen. Als sie endlich entdeckte, dass der »geheimnisvolle innere Klang, auf den sie lauschte«, in der Dichtkunst enthalten war, kam das einer Erlösung gleich. »Ihn zu finden, wurde ihr Lebensziel, schon mit elf, zwölf Jahren.« Das tat sie während ihrer Schulzeit. Sie besuchte das Feldmannsche Institut, eine deutsche Privatschule, in der sie eine breite humanistische Bildung erfuhr, besonders in Geschichte, Sprachen und Literatur. Marie war eine sehr gute Schülerin. Der Schulleiter schwärmte von ihr als der besten, die er je gehabt habe. Er nannte sie sogar einen »jungen Schiller«. Vielleicht spielte er damit auf ihren ausgeprägten Gerechtigkeitssinn, ihr Aufbegehren gegen Unrecht und ihre unbedingte Wahrheitsliebe an.

Im Feldmannschen Institut konnte sich ihr besonderes Verhältnis zur Dichtkunst entfalten. Nicht die Handlung stand für sie im Vordergrund, sondern die Sprache, der innere Klang eines literarischen Werkes. Um sich dessen zu vergewissern, lernte sie Gedichte auswendig und rezitierte sie – oft nur für sich selbst. Sie las Homer und verspürte den dringenden Wunsch, Griechisch zu lernen, um seine Werke im Original lesen zu können, stieß jedoch zu Hause auf Unverständnis und Ablehnung. Damals reagierte sie mit Wut, Enttäuschung und ihrerseits Unverständnis auf das Verbot. Rückblickend übte sie sich in Versöhnlichkeit: »Es war doch vom Schicksal richtig geführt: so sehnsüchtig ich mich nach Griechenland sehnte, und so schwer es mir fiel zu ertragen, dass ich die griechische Sprache nicht lernen und beherrschen durfte, so würde ich vielleicht in dieser Sehnsucht untergegangen sein und den Weg zu der Geistigkeit der Zukunft nicht gefunden haben.« Was sie als Zwölfjährige durch den Konflikt mit ihren Eltern gewann, war eine wesentliche Erkenntnis: In der Gestaltung ihres Lebenswegs würde sie auf sich selbst gestellt sein. Ließen sich Begleiterinnen und Begleiter finden: wunderbar! Wenn nicht, musste es eben allein gehen. Sie war dazu bereit.

In Maries Schulzeit fielen zwei tragisch-dramatische Ereignisse, ein familiäres und ein weltgeschichtliches: der Tod ihres Vaters und das Attentat auf den seit 1855 regierenden Zaren Alexander II., bei dem dieser ums Leben kam. Beide bedeuteten für das 15-jährige Mädchen eine starke Verunsicherung. Nichts würde mehr sein wie vorher. Die Mutter nahm nach dem Tod ihres Mannes innerhalb der

Familie dessen Position ein, unterstützt durch den ältesten Sohn. Mit ihnen musste sich Marie nun arrangieren. Ohne ihre Einwilligung konnte sie keine eigenen Schritte unternehmen oder selbstständige Entscheidungen treffen. Die Mutter und den Bruder von ihren Plänen zu überzeugen würde nicht leicht werden.

Auf den »Befreierzaren« Alexander II., der 1861 die Leibeigenschaft abgeschafft hatte, waren zu diesem Zeitpunkt bereits mehrere Anschläge verübt worden, die er überlebt hatte. Seine Gegner und Kritiker stammten überwiegend aus der Intelligenzija, der gehobenen Bildungsschicht. Die Reformen Alexanders II. gingen ihnen nicht weit genug. Einige setzten sich mit ihrer eigenen Existenz friedlich für ihre revolutionären Ideen ein und zogen aufs Land, um die Bauern mit ihren Argumenten von ihren Ansichten zu überzeugen – so auch Maries Bruder Fjodor Jacob, der ein abgelegenes Gut bewirtschaftete. In dieser Zeit formierte sich parallel zu dem friedlichen Widerstand die Terrororganisation »Narodnaja Wolja«, die gewalttätige Akte wie Bombenanschläge als einziges angemessenes und wirksames Mittel im Kampf gegen die zaristische Herrschaft verstand.

Am 1. März 1881, nachdem Zar Alexander II. ein Dokument unterzeichnet hatte, das seine eigene Macht zugunsten einberufener Kommissionen aus gewählten Volksvertretern einschränkte, warteten gleich mehrere Attentäter auf ihn. Als sie registrierten, dass er diesmal von seiner gewohnten Route zum Winterpalais abwich, trat eine zweite Variante ihres ausgefeilten Plans in Kraft. Am Kai des Katharinenkanals zündete einer der Attentäter seine Bombe. Als der unverletzte Zar, anstatt den Ort der Gewalt so schnell wie möglich zu verlassen, aus seiner Kutsche stieg, um drei am Boden liegenden Verletzten zu helfen, stand plötzlich der Attentäter vor ihm, der von der Polizei festgenommen worden war. Alexanders Biograf Henri Troyat berichtet, dieser habe auf Alexanders Aussage, er sei Gott sei Dank unversehrt geblieben, geantwortet: »Ist es nicht zu früh, um Gott zu danken?« In diesem Moment schmiss der nur wenige Meter entfernt stehende zweite Attentäter eine weitere Bombe, die den Zaren schwer verletzte. Er wurde auf seinen Wunsch hin sofort ins Winterpalais gebracht, wo seine Frau Katja die Ärzte bei der medizinischen Versorgung unterstützte. Doch er konnte nicht mehr gerettet werden und starb innerhalb kurzer Zeit. Am nächsten Tag wurde sein Leichnam im Winterpalais aufgebahrt und am 7. März 1881 in die Peter-und-Paul-Kathedrale überführt. Viele Mitglieder der Terrororganisation »Narodnaja Wolja« wurden verhaftet und fünf Attentäter zum Tode durch Erhängen verurteilt. Auch eine junge Adlige war dabei, Sofja Perowskaja, die erste Frau, die in Russland wegen eines politischen Vergehens gehenkt wurde. Aus der Ermordung des »Befreierzars«, der einen entscheidenden Beitrag zum Aufbruch Russlands geleistet hatte, zog sein Sohn und Nachfolger Alexander III. die Konsequenz, das Rad der Geschichte, das sein Vater in Richtung Reformen zum Laufen gebracht hatte, wieder zurückzudrehen und die autokratische Herrschaft zu verfestigen.

Den eigenen Platz finden

Im Hause von Sivers ging alles seinen geordneten Gang, wie es die Mutter schätzte. Zwei Jahre nach dem Tod ihres Vaters, am Palmsonntag 1884, wurde Marie konfirmiert. »Ich jage nach dem vorgesteckten Ziel, nach dem Kleinod, welches vorhält die himmlische Berufung in Christo Jesu« (Philipper 3,14) lautete der Konfirmationsspruch, den Generalsuperintendent Pingoud für sie ausgewählt hatte und der leitmotivisch über ihrem Leben stehen sollte. Nach der Konfirmation ging Marie mit ihrer Mutter und ihrer Schwester auf Reisen. Sie besuchten Berlin, Wien, die Schweiz und Italien. Dabei wurde Marie deutlich, wie isoliert und reglementiert sie in Russland war. Das Leben in Deutschland schien ihr viel freier und unkomplizierter zu sein, das kulturelle Angebot anregend und vielfältig. Sie spürte, dass sie im Westen eher ihren eigenen Weg finden würde als in Russland, wo die deutschstämmigen Kreise am liebsten unter sich und abgeschlossen von der übrigen Bevölkerung lebten. Sie selbst hatten sich diese engen Grenzen gesetzt, die sie nicht überwinden konnten. »Sie waren den Russen fremd, und die Russen waren ihnen fremd«, bringt es Savitch auf den Punkt. Anscheinend gab es nur wenige Versuche, sich aus dieser Fremdheit zu lösen, miteinander ins Gespräch zu kommen und »das Andere« kennenzulernen. Marie beklagte die mangelnde Neugier und das fehlende Interesse.

Unter starken Einschränkungen hatten in dieser Zeit vor allem die Mädchen und die jungen Frauen zu leiden, sowohl die russischen als auch die deutschstämmigen. Sie mussten um das Recht auf Bildung kämpfen. Schauplatz des Kampfes war die eigene Familie. So auch bei Marie, die Sprachwissenschaft und vergleichende Religionswissenschaft studieren wollte, was ihr jedoch nicht erlaubt wurde. Sie ließ sich nicht entmutigen, sondern wählte den Weg, den viele ihrer Zeitgenossinnen, darunter Franziska zu Reventlow und Paula Modersohn-Becker, quasi als Alibi gingen: eine Lehrerinnenausbildung. Daneben lernte sie im Privatstudium Französisch, Englisch und Italienisch, sodass sie – zusammen mit den beiden Sprachen, mit denen sie aufgewachsen war, Deutsch und Russisch – schließlich fünf Sprachen schriftlich und mündlich beherrschte.

Das Unterrichten in der deutschen Volksschule in Petersburg, wo sie eine Anstellung als Lehrerin erhielt, war anstrengend, weil verschiedene Altersstufen zusammen in einem Raum unterrichtet wurden, mehrere Lehrkräfte parallel arbeiteten und folglich in den Klassenzimmern Lärm und Unruhe herrschten. Die Herausforderung für die Lehrkräfte bestand nicht so sehr in kindgerechter Vermittlung von Wissen, sondern darin, sich überhaupt Gehör zu verschaffen. Marie konnte sich zwar kurzzeitig durchsetzen, überanstrengte jedoch ihre Stimme so stark, dass sie eine Stimmbandoperation vornehmen lassen musste. Damit war ihre Lehrerinnentätigkeit fürs Erste beendet, was sie keinesfalls bedauerte.

Doch nach wie vor blieben ihr die Türen der Universität verschlossen. »Die an den russischen Hochschulen stark in Erscheinung tretende revolutionäre Stimmung machte es der sehr konservativ eingestellten Familie unmöglich, ihre Einwilligung zu geben«, heißt es in Marie von Sivers' Aufzeichnungen. »In der guten Meinung, damit einer Gefahr vorzubeugen, die durch solch unseligen Hang zum Studium bewirkt wurde, geschah alles, was dieser Neigung Hindernisse in den Weg legen konnte.« Viele Hefte mit »Arbeiten an alten und neuen Sprachen und alten Kulturinhalten, die in voller Einsamkeit betrieben werden mussten«, zeugten von dem Bemühen Maries, sich auf eigene Faust die verweigerte Bildung zu verschaffen und immer mehr zu lernen. Sie hat diese Aufzeichnungen aufbewahrt als Zeugnisse ihres Selbststudiums und ihrer Selbständigkeit.

Frauenemanzipation war für sie ein wichtiges Thema. »Ich träumte den Traum der Befreiung der Frau vom Joche der alten Vorurteile, der einengenden Konventionen, der vorgeschriebenen Verschrumpfung, der auferlegten Verdummung«, erklärte sie. Um ihren Zustand zu verdeutlichen, wählte sie ein krasses Bild aus der griechischen Mythologie, das Bett des Prokrustes. Darin bietet dieser den vorbeikommenden Reisenden an, bei ihm zu übernachten. Zu spät erkennen die Gäste, auf was sie sich eingelassen haben, denn ihr Körper wird mit Gewalt an die Maße des Bettes angepasst. Sie habe an sich selbst die abgeschlagenen Glieder gespürt und dafür gekämpft, dass diese Erfahrung der Ohnmacht, der Beschränkung und des Ausgeliefertseins anderen Frauen erspart bleibe. Stattdessen wollte sie sich dafür einsetzen, »Bedingungen zu schaffen, die den Frauen das Auswachsen ihrer Glieder gestatten, die volle Entwicklung ihrer Fähigkeiten«.

Die einzige ihrer Neigungen, die innerhalb ihrer Familie akzeptiert und sogar halbwegs gefördert wurde, war ihre Vorliebe für die darstellende Kunst. So durfte sie an Rezitationsabenden teilnehmen und Theateraufführungen besuchen. Doch das war für ihre Ansprüche auf Dauer zu wenig, das Leben in Petersburg zu oberflächlich, moralisch unbeweglich und, wie sie ahnte, »dem Untergang geweiht«. Da man ihr verweigerte, ins Ausland zu gehen, wählte sie einen ganz anderen Weg: Sie entschloss sich, »in der russischen Landeinsamkeit, im Volke, den Rätseln des Lebens näher zu kommen«. Die Voraussetzungen dafür hatte ihr Bruder Fjodor Jacob geschaffen, der »fernab von jedem Städtebetrieb« sowie abgeschnitten von Eisenbahnverbindungen ein Gut bewirtschaftete.

Die Bestrebungen gewisser studentischer Kreise, sich mit den nach wie vor unterdrückten Bauern zu verbünden, schienen ihm sinnvoll. Marie folgte ihm 1889. Bevor sie Petersburg verließ, hatte sie ihr »Tagebuch, das sich um Weltanschauungsfragen drehte«, zerrissen, weggeworfen und nur die letzte Seite zurückbehalten, auf der sie die Frage notiert hatte: »Où trouver la verité?« – Wo ist die Wahrheit zu finden?

Der Anblick ihres neuen Zuhauses muss sie zugleich fasziniert und erschreckt haben. Nie zuvor hatte sie eine solch karge Landschaft gesehen: Mit den Worten »ein Höhenzug erhebt sich aus dem sich dehnenden Flachland: Waldai heißt der Höhenzug« beginnt Savitchs Beschreibung der Gegend, in der sich das Gut befand. Die Natur zeigt sich als übermächtig und hat in dieser Gegend »helle und dunkle

Seiten«. Ihre Überlegenheit ist nicht zu übersehen. Doch anders als die Dominanz der Straßen und Gebäude in Petersburg, die Marie lähmte, regte die Dominanz der Natur ihre Fantasie an. »Tritt man in den Wald hinein, da schauen einem wie dunkle Augen die kleinen Seen und Torfpfützen entgegen.« Gegen Abend steigt der Bodennebel nach oben und verschleiert Sträucher, Bäume und das Wasser. »Flüchtet man aus dem Walde und von dem Sumpfboden, so klebt der Fuß den Weg entlang zum Dorfe im Lehm.« Es scheint, als wollte der Wald den Eindringling nicht freigeben.

Die Bauernhäuser waren aus Holz, schlicht und schmucklos, mit tief herunterhängenden Strohdächern. »Die Bauern, die ganz mit ihrem Wesen in dem Naturleben untertauchten und dadurch ihre Seelenerlebnisse aus dem Charakter dieser von dunklen Elementen durchzogenen Natur erhielten, haben aus einem uralten Wissen alle möglichen sonderbaren Gebräuche, um sich gegen diese elementaren Kräfte zu schützen, die einem ›gebildeten‹ Menschen unverständlich waren.«

In den drei Jahren, die sie auf dem Gut in Nowgorod verbrachte, wurde Marie immer wieder mit dem konfrontiert, was in ihren Kreisen gemeinhin als »finsterer Aberglaube« bezeichnet wurde. Marie schloss sich dieser abwertenden Klassifikation nicht an. Sie wartete ab und beobachtete. Zu oft hatte sie Fehleinschätzungen registriert, die auf Unverständnis beruhten. Das wollte sie vermeiden, sie hatte sich selbst verordnet, immer erst genau hinzuschauen, bevor sie sich ein Urteil bildete und dieses kommunizierte.

Das erste Erlebnis aus dem Bereich des sogenannten Aberglaubens betraf ihre eigene Hauswirtschaft: Nachdem sie ihrer Köchin, mit deren Arbeit und Verhalten sie nicht zufrieden war, gekündigt hatte, kamen die anderen Hausangestellten zu ihr und warnten sie eindringlich vor den Folgen. Sie schienen große Angst zu haben und erklärten ihr, dass die Mutter der Gekündigten eine Hexe sei, die nicht davor zurückschrecken werde, ihre unheilvolle Kunst anzuwenden. Obwohl die meisten Angestellten froh waren, dass die Unruhestifterin entlassen worden war, fürchteten sie die Macht ihrer Mutter und behielten recht. Die »Hexe« erschien, trachtete nach Rache und musste schließlich, zusammen mit ihrer Tochter, aus dem Haus geworfen werden. Daraufhin bestürmten die Hausangestellten Marie, einen Gegenzauber anzuwenden und das Haus einer gründlichen Reinigung zu unterziehen. Diese bestand darin, einen Espenpfahl in das Zimmer zu tragen, in dem sich die »Hexe« aufgehalten hatte, und dann vom Hof aus durch das Fenster eine schwarze Katze zu werfen. Das habe sich in ähnlichen Fällen als wirksam und reinigend erwiesen, erklärten sie der verblüfften Hausherrin. Marie erkannte sofort, dass Widerstand zwecklos sein würde, und ließ ihre Angestellten gewähren, ohne jedoch an das Reinigungsritual zu glauben.

Besonders irritiert war Marie vom Umgang der Landbewohner mit Krankheiten. Da sich weit und breit keine Arztpraxis oder Apotheke befand, hatte sie selbst die Aufgabe übernommen, medizinische Dienste anzubieten und sich einen Vorrat an Verbandszeug, Arzneimitteln und Kräutern zugelegt. Doch damit erntete sie weniger Zuspruch und Dankbarkeit als vielmehr Misstrauen und Argwohn. Die Menschen schworen auf ihre eigenen Hausmittel, um eine Heilwirkung zu erzielen: den Verzehr von in Brot eingeknetetem Spinngewebe zum Beispiel.

Während sie mit ihren medizinischen Kenntnissen nicht reüssieren konnte, wurden ihre pädagogischen akzeptiert: Die Dorfkinder besuchten gern die von ihr initiierte Sonntagsschule, um lesen und schreiben zu lernen. Doch das war der einzige ungetrübt positive Kontakt mit den Menschen auf dem Land, die ihr und ihrem Bruder, den zugereisten städtischen Intellektuellen, mit Skepsis begegneten. Die Landbewohner konnten nicht verstehen, warum die jungen Menschen, denen doch in Petersburg alle Wege offen standen, die pulsierende Stadt verlassen und sich auf dem abgelegenen Dorf angesiedelt hatten. Irgendetwas musste mit ihnen nicht stimmen.

Marie fühlte sich manchmal regelrecht bedroht – vor allem wenn ihr Bruder auf Reisen gegangen und sie mit den Angestellten allein war. Das Gut war einsam gelegen, das nächste Anwesen sehr weit entfernt. Besucher kamen äußerst selten, nur manchmal standen Bettler vor der Tür. Marie konnte weder damit rechnen, dass bei einem Überfall Hilfe von außen kommen würde, noch, dass die Angestellten sich schützend vor sie stellen würden. Es war ihr nicht gelungen, eine Beziehung zu ihnen aufzubauen. Wann immer sie ihnen näherkommen wollte, stieß sie auf Distanz. Sie fand schließlich heraus, dass die abweisende Haltung der Angestellten auf das Benehmen der vorherigen Gutsbesitzer zurückzuführen war. Anscheinend hatten diese ihre Macht skrupellos ausgenutzt und die Bauern brutal geknechtet, ungeachtet der Tatsache, dass die Leibeigenschaft offiziell abgeschafft worden war. Es würde lange dauern, ein solches Vorgehen wiedergutzumachen – wenn es überhaupt möglich war. Wie sollte sie unter diesen Voraussetzungen das Vertrauen der Bauern gewinnen? Sie war drauf und dran zu resignieren und bezeichnete ihren damaligen Zustand als ein »verzweifeltes Gefühl der Unentrinnbarkeit aus der Macht der Finsternis«.

Marie und ihr Bruder zählten von Anfang an zu einer Sorte von Menschen, von denen die russischen Landbewohner sich keinesfalls belehren lassen wollten und auf deren Ratschläge sie mit Ablehnung reagierten. Damit, dass sie ihnen eine Chance geben würden, war nicht zu rechnen. Die tief verwurzelte, ans Irrationale grenzende Verweigerungshaltung wurde noch verstärkt durch die Tatsache, dass die Geschwister von Sivers Deutsche waren. Deutsche waren damals in Russland nicht gern gesehen. Hatte es für Marie überhaupt Sinn, ihr soziales Engagement an einem solchen Ort auszuüben? Die permanente Zurückweisung machte ihr sehr zu schaffen. Befand sie sich vielleicht sogar in Gefahr? Wieder einmal war sie mit ihren Eindrücken ganz auf sich allein gestellt. Der Bruder wollte von ihren Befürchtungen nichts wissen. Er hatte sich nun einmal für dieses Leben entschieden und sah keinen Grund, es aufzugeben.

Es war ein Unfall, der ihr letztlich die Entscheidung abnahm: Am Gedenktag der Enthauptung Johannes des Täufers, der in Russland als hoher Feiertag galt und am 17. (29.) August gefeiert wurde, stürzte sie die Kellertreppe hinunter. Da sie lange bewusstlos auf dem Boden lag, hielt die Köchin sie zunächst für tot. Die Angestellten hatten auch gleich eine plausible Erklärung für den Sturz: Marie hatte gegen das Gebot verstoßen, an diesem Gedenktag kein Fleisch zu essen. Es gehörte zu den Vorschriften für den »Tag des Unheils«, dass bestimmte Tätigkeiten im Haushalt zu unterlassen waren. Marie wusste nichts davon, als sie ein Fleischgericht für ihren Bruder und seine Gäste plante. Als die Köchin schließlich noch einmal in den Keller hinabstieg, um nach Marie zu sehen, öffnete die Totgeglaubte ihre Augen und richtete sich auf – zum Entsetzen der Köchin, die laut schreiend davonlief, um den anderen Angestellten von dem Wunder zu berichten. Marie erzählte später einer Weggefährtin, man habe es als ein Wunder angesehen, dass sie sich nichts gebrochen hatte. Auch sie selbst war darüber erstaunt: »Drei Tage konnte ich mich überhaupt nicht rühren, weil ich lahm war, aber gebrochen war nichts.« Doch sollte sie die Folgen des Sturzes ihr Leben lang spüren.

Maries schwerer Sturz war nicht das einzige verhängnisvolle Ereignis, das sie während ihres Waldai-Aufenthalts ereilte. Kurze Zeit danach verstarben unerwartet ihr Bruder und ein Verwandter, der das Gut gern übernommen hätte. Für Marie bedeutete das, so schnell wie möglich diesen Ort und diese Gegend zu verlassen, in der sie sich unwohl fühlte. Sie gehörte einfach nicht dort hin, wie sie sich schließlich selbst eingestand. »Man lernte dort wohl das unberührt Melancholische der Natur kennen, aber auch die Macht der Finsternis. Man lernte einsehen, dass es mit dem einzelnen guten Willen zur Volksbeglückung nicht getan war und dass es einem am allerwenigsten vom Volke selbst geglaubt wurde«, lautete ihr Fazit.

Hinaus in die Welt

»Aber um den Familienbanden entrinnen zu können, musste erst eine ziemliche Zerrüttung der Gesundheit eintreten«, heißt es in Maries autobiografischen Notizen aus dem Jahr 1937.

Nachdem sie das Gut verlassen und nach Petersburg zurückgekehrt war, wurde ihr endlich ihr sehnlichster Wunsch erfüllt: Man gestattete ihr 1894, nach Paris zu gehen, in die »ville lumière – die Stadt des Lichts«, in der schon zur Zeit Ludwigs XIV. die Straßen mit Gaslaternen beleuchtet waren. Der Kontrast zu der eintönigen russischen Landschaft, in der sich das Gut ihres Bruders befand, hätte nicht größer sein können. Drei Jahre hatte sie dort in der Einöde verbracht und daran gedacht, wie viel unbeschwerter sie sich in Städten wie Berlin, Wien und Zürich gefühlt hatte, die sie nach der Konfirmation mit ihrer Mutter und ihrer Schwester besucht hatte. Auch Paris lockte mit einem Freiheitsversprechen, mit der Neugier auf Fremdes, Unbekanntes und mit Internationalität: In den Straßen herrschte ein Gewirr verschiedener Sprachen und bildete den Klang der Stadt, den sie, die Klangsensible, als Wohlklang empfand. Nicht irritierend, verwirrend und bedrückend wie in Petersburg, sondern aufgeschlossen und befreiend.

Doch das galt nicht für alle Orte in Paris, wie sie bald feststellen musste. Lange ließ sich die mittlerweile 28-jährige Marie nicht vom äußeren Schein täuschen. Das Vorhaben, vergleichende Sprachwissenschaft zu studieren, gab sie bald auf, denn »die Versuche, in dem dumpfen, unventilierten Raume der Sorbonne auszuhalten, scheiterten an der nun eingetretenen physischen Schwäche«. Eine Schwäche, die eng verbunden war mit ihrer Hochsensibilität, die sie äußere Reize verschiedener Art übersteigert wahrnehmen ließ – manchmal bis ins Unerträgliche. Es waren nicht die Teilnehmer des Sanskritseminars im Collège de France, die ihr das Studium von Anfang an verleideten, sondern »die Augen des Professors«. Sie schauten »so vernichtend starr auf das eingetretene weibliche Wesen, dass einem schon die Lust verging, das weiter mitzumachen, obgleich es so sehr interessant war, mitzuerleben, wie die russische Sprache als ein Mittelding und eine Verbindung dasteht zwischen Sanskrit und den europäischen Sprachen«.

Maries außerordentliche Empfindsamkeit war Gabe und Bürde zugleich. Einerseits ermöglichte sie ihr tiefe Einblicke und außerordentliche Erlebnisse, vor allem in der Kunst, in der Literatur und im Theater. Im zwischenmenschlichen Bereich konnten die durch die Hochsensibilität verursachten Eindrücke und Erkenntnisse allerdings zu Verletzungen führen, die eine Zusammenarbeit unmöglich machten. »Schlechte Luft und abweisende Augen ließen mich das Heil anderswo suchen: in der lebendigen Sprache und in der Kunst«, heißt es in Maries Aufzeichnungen.

Von den imposanten Museen mit ihren Kunstschätzen aus verschiedenen Epochen aber war sie begeistert. »Da saßen im Musée Guimet all die vielen Götter eng beisammen, da gab es den Louvre mit seinen Kunstschätzen, da gab es die wunderbaren architektonischen Anlagen in der Verbindung von Palästen, Höfen, Parkanlagen, großen Plätzen, Brunnen«, schwärmte sie und verriet: »Von den hohen Sitzen des Imperial aus, auf dem damals von flink trabenden Rossen gemütlich einhergezogenen Omnibus konnte man das herrlich aufnehmen.« Damals gab es noch keine U-Bahn, die Metro wurde erst 1900 zur Weltausstellung eröffnet. Pferdeomnibusse waren beliebte Fortbewegungsmittel. Wenn möglich, ging man zu Fuß. Gern flanierte Marie durch die Straßen, nahm auf einer der überall zu findenden Ruhebänke Platz und versenkte sich in ihre Lektüre. Ab und zu besuchte sie die »Salles de Conférences«, in denen die »modernen Dichter« ihre Verse vortrugen und so eine spontane Kostprobe ihrer Kunst lieferten. Nicht einfach war es, Eintrittskarten für die Comédie-Française und das Odéon zu bekommen, da die Aufführungen oft schon bei Spielzeitbeginn ausverkauft waren. Es gab viele theaterbegeisterte Abonnenten in Paris. Nur wenige Karten blieben übrig, und man brauchte viel Geduld, weil man lange dafür anstehen musste.

Paris bot Marie die Möglichkeit, einen Weg zu beschreiten, von dem sie bisher nur geträumt hatte: Sie begann eine Schauspielausbildung an einer renommierten Schauspielschule und durfte parallel dazu als Gast das Pariser Konservatorium besuchen – auf Empfehlung des Leiters Louis-Arsène Delaunay, der ihr zu verstehen gab: »Quand à vous, je m'intéresse à vous, et quand je m'intéresse à quelqu'un, cela marche bien. – Was Sie betrifft, so interessiere ich mich für Sie, und wenn ich mich für jemanden interessiere, funktioniert es gut.« Doch damit gab sich Marie nicht zufrieden. Sie fühlte sich nicht geschmeichelt, sondern erschrak sogar vor der »physischen und geistigen Luftlosigkeit des überfüllten niederen Raumes« und wandte sich stattdessen einer anderen Lehrerin zu: Marie Favart. Sie nahm Privatstunden bei der hoch angesehenen ehemaligen Schauspielerin und Lehrerin, aus deren Schülerschaft viele Berühmtheiten der Comédie-Française hervorgingen. Mittlerweile im Ruhestand, war sie nach wie vor beseelt vom Theaterfieber und froh, wenn sie es weitergeben konnte. Marie war eine bestens geeignete Schülerin.

Doch auf Geheiß der Familie musste Marie Paris nach zwei Jahren bereits wieder verlassen und zurück nach Petersburg kommen. Bei ihrer Ankunft bot man ihr an, bei der Jubiläumsfeier des Feldmannschen Instituts, ihrer ehemaligen Schule, mitzuwirken. Es sollten Szenen aus Friedrich Schillers Drama »Maria Stuart« aufgeführt werden, und Marie war für die Titelrolle vorgesehen. Regie führte Maria von Strauch-Spettini. Nicht nur sie, sondern auch die Zuschauer waren sich nach der Vorstellung einig, dass es sich bei Marie um eine große Begabung handelte. Selbst der evangelische Superintendent, der sie bei ihrer Konfirmation noch vor einer Bühnenlaufbahn gewarnt hatte, sprach nun von einer »Schicksalsforderung«, die ihr die Aufgabe zuwies, »das Theater zu heben«. Maria von Strauch erklärte sich bereit, Maries Theaterlaufbahn zu unterstützen und ihr zur Seite zu stehen. Da musste Maries Familie schließlich klein beigeben, nicht ohne eine letzte Bedingung zu stellen: Nur im Ausland und nur unter anderem Namen dürfe sie ein Engagement annehmen. Da Marie Petersburg ohnehin nicht mochte, wird es für sie keine bedauernswerte Einschränkung bedeutet haben. Mehr und mehr freundete sie sich mit Maria von Strauch an. Diese spielte in dem Reigen von besonderen Frauen, die

Maries Lebensweg begleiteten, eine Zeit lang eine wichtige Rolle – nicht nur als Schauspiellehrerin, sondern auch als enge Freundin.

Maria von Strauch-Spettini wurde 1847 in Petersburg geboren und hieß eigentlich Speckin, doch dieser Name schien für eine Theaterkarriere ungeeignet, daher wählte sie den Künstlernamen Spettini. Nach Engagements an verschiedenen deutschen Bühnen machte ihr der Intendant des Deutschen Kaiserlichen Theaters von Petersburg, der von einem ihrer Auftritte in Baden-Baden beeindruckt war, das Angebot, an sein Theater zu kommen. Dort avancierte sie innerhalb kurzer Zeit zum Publikumsliebling. Als sie 1883 den Garderittmeister von Strauch heiratete, bedeutete das zugleich das Ende ihrer Bühnenlaufbahn als Schauspielerin. Weiterhin gab sie Rezitationsabende und arbeitete als Lehrerin. Wie ernst sie diese Aufgabe nahm, ist der Korrespondenz zu entnehmen, die sie seit 1897 mit Marie von Sivers führte, von der allerdings nur ihre Briefe erhalten sind.

In einem der ersten Briefe macht sie der 20 Jahre jüngeren Freundin ein Geständnis: »Vor mehr als zehn Jahren, da schritten Sie an mir vorüber, und ich war blind und streckte nicht die Hände aus, Sie festzuhalten«, lautet der erste Satz. Dann erklärt sie, dass es der große Gegensatz war, der sie damals – vermutlich bei Maries Schulabschlussfeier – irritierte und zu vorschnellen Schlüssen gelangen ließ. Während in ihr selbst »heißes Leben« pulsiert habe, habe sie sich einem »jugendlichen Wesen« gegenübergesehen, das kalt und unbeteiligt erschienen sei, sodass »kein Funke zündete!«. Damals urteilte sie hart über die Schülerin: »Konventionell, leidenschaftslos, kühl, gekünstelt«, und brach den Kontakt sofort ab oder ließ ihn vielmehr gar nicht erst entstehen. Das bereue sie bis heute. »Der Gedanke, was wir beide verloren haben – Sie die schönsten Jahre Ihres Lebens –, möchte mich jetzt verzweifeln lassen.«

Ausgelöst hatte dieses Bekenntnis ein Brief von Marie an die Regisseurin: »So weich, so warm umfangen und doch diese Trauer?«, empfand diese die Zeilen der Schauspielelevin und war zu Tränen gerührt. Sie konnte solche gefühlvollen Worte nicht mit dem Verhalten der jungen Frau, der sie vor zehn Jahren begegnet war, zusammenbringen. Weil sie die Schuld an dem Missverständnis nicht allein auf sich nehmen wollte, äußerte sie einen versteckten Vorwurf: »Hätten Sie doch nur mit einer Andeutung sich mir erschlossen!«

Marie schien einige widersprüchliche Eigenschaften in sich zu vereinen. Zurückhaltend und gleichzeitig durchsetzungsfähig – Maria von Strauch stand ihrem Verhalten manchmal ratlos gegenüber. Wieso ließ sich diese selbstbewusste junge Frau von ihrer Mutter, ihren Brüdern und anderen Verwandten reglementieren? Wieso gehorchte sie ihnen, wenn sie ihre Argumente doch eher ablehnte? Sie schien so stark und sicher in ihrem Urteil. Wieso blieb sie in der ihr verhassten Stadt Petersburg oder kam immer wieder zurück, wenn sie für eine Weile fort gewesen war? Ihrer Familie zuliebe? Das allein konnte es nicht sein.

Gerade darüber machte sich auch Savitch Gedanken und fand eine mögliche Erklärung in einem besonderen Charakterzug Maries, der sich als übersteigertes Verantwortungsgefühl bezeichnen lässt. Offensichtlich betrachtete Marie »die Beziehungen zu Menschen als eine Aufgabe, als eine übernommene Verpflichtung«, die sie eingegangen war und zu erfüllen hatte. Es war ihre Art, Verantwortung zu übernehmen. Einmal geschlossene Verbindungen konnte sie nicht einseitig lösen, sondern erst wenn die anderen in ihrer Entwicklung so weit waren, dass sie sich von ihr entfernen konnten. Sie hielt sich selbst also für wesentlich stärker als die anderen Menschen und vertraute bedingungslos auf ihre Kraft, was sich in verschiedenen Situationen auch bewähren sollte. Eine davon hat Maria von Strauch miterlebt. Sie und Marie unternahmen während eines Aufenthalts im Baltikum einen Spaziergang in einsamer Landschaft. Plötzlich sahen sie sich von einer Meute zähnefletschender Hunde umgeben. Es handelte sich um verwilderte Tiere, die wütend auf sie zusprangen und an ihren Kleidern zerrten. Jeden Moment konnten sie zubeißen. In diesem Augenblick, berichtet Marie, habe sie eine große Ruhe in sich verspürt, die sie als »Stärke-Erlebnis« empfand, das sie dazu befähigte, die Freundin aus eigener Kraft zu schützen. Wie von einer fremden Macht gelenkt, zogen sich die Hunde zurück.

Maria von Strauch war tief beeindruckt von der jungen Frau, die sie einstmals falsch eingeschätzt hatte und mit der sie jetzt befreundet war. Die Zusammenarbeit erfolgte sozusagen mit zehnjähriger Verspätung und war für die Regisseurin mit der »qualvollen Angst« verbunden, ihre Kraft könne nicht ausreichen, um ihrer Schülerin zu helfen. Immer mehr steigerte sie sich in ein »brennendes Verlangen«, ihr zur Seite zu stehen: »Ich kann nur noch für Sie leben und ich darf es nicht!« Sie wollte ihr Hoffnung und Lebensmut geben und sie ermutigen, ihre große Begabung zu entfalten. »Das Schönste und Beste in uns muss sich in Taten umsetzen, sonst ersticken wir an unserem Reichtum.«

Doch die missglückte frühe Begegnung ließ sich tatsächlich nachträglich korrigieren: »Wie ich Ihnen danke, dass Sie mir immer mehr und mehr den Reichtum Ihres Innenlebens erschließen. Fast fürchte ich mich vor so viel Glück!«, schrieb Maria von Strauch Ende Juni 1898 aus Reval. Immer wieder bestärkte sie ihre Schülerin in ihrer Arbeit und in ihrem Verhalten. Da lediglich Maria von Strauchs Briefe erhalten sind, lässt sich nur ahnen, was ihr Zögling von ihr wissen wollte. So versicherte sie ihr Anfang Januar 1898: »Die eingeborene Vornehmheit der Gesinnung, die feine, zarte, poesievolle Empfindung schützen Sie vor jedem Übermaß; die Grenzlinie ist Ihnen durch die eigene Natur gezogen, die mich so sehr entzückt, Sie brauchen keine Furcht zu haben, sich gehen zu lassen, Sie können nur gewinnen dadurch.«

Briefe und Bühne

Wie für viele aufbegehrende Frauen ihrer Generation waren auch für Marie von Sivers Friedrich Nietzsches Schriften eine Offenbarung. Seine Feier des Dionysischen und seine Forderung nach freien Geistern inspirierte um 1900 die Jugendbewegung. In der Umwertung aller Werte huldigte diese Bewegung nicht dem Alter und der Vergangenheit, sondern der Jugend und der Zukunft, nicht der bürgerlichen Sicherheit, sondern dem Abenteuer.

So tauchte die Schriftstellerin und legendäre Schwabinger Boheme-Protagonistin Franziska zu Reventlow auf ihrem Weg in die Unabhängigkeit tief in Nietzsches Welten ein und konnte jedes Mal nur schwer wieder in den Alltag finden. Sein 1883 erschienenes Werk *Also sprach Zarathustra* bezeichnete sie gar als ihre Bibel, ohne die sie nicht existieren könne, als »geweihte Quelle«, die sie »wie ein Heiligtum« verehrte. »Das war nicht mehr Verstehen und Begreifen – es war Offenbarung, letzte äußerste Erkenntnis, die mit Posaunen schmetterte – brausend, berauschend, überwältigend. Und alles andere, der Alltag, das Alltagsleben und -empfinden schrumpfte in eine öde, farblose Masse zusammen, verlor sein Dasein – nur das wahre, heilige, große Leben leuchtete, lachte und tanzte.« Bei Nietzsche fand Franziska zu Reventlow all das wieder, was sie selbst heftig bewegte. *Zarathustra* lieferte ihr Erklärungen, die sie befähigten, sich selbst zu verstehen. Eine Aussage wie »Aber ihr zu Tiefen, ihr leidet auch zu tief an den kleinen Wunden« schien exklusiv für sie geschrieben. Was ihr an *Zarathustra* besonders gefiel, war der Anspruch, etwas Großes zu schaffen und sich über Hindernisse hinwegzusetzen.

Diese angestrebte Größe scheint auch Marie fasziniert und gleichzeitig verängstigt zu haben. Doch Maria von Strauch versichert ihr Anfang Juni 1898: »Sie laden keine Schuld auf sich, wenn Sie gegen alle Hindernisse ankämpfen, und darin liegt auch Ihre Berechtigung – Nietzsche kann nur eine Gefahr sein für diejenigen, die schon an Selbstüberhebung leiden, oder für solche, die für ihre angeborene oder erworbene Rücksichtslosigkeit die Berechtigung aus ihm schöpfen wollen. Wir andern werden durch ihn aufgerichtet und auf den eigenen Weg gewiesen.« Dennoch räumt sie ein: »Es ist wahr, Nietzsche ist wie ein zweischneidiges Schwert – er ist eine Gefahr und eine Erlösung; er kann ein Arzt für Kranke und – ein Gift für die Gesunden werden.« Doch es macht sie glücklich, dass Marie von Nietzsches Genie so beeindruckt ist – wieder eine Gemeinsamkeit mehr, die Maria von Strauch und Marie verbindet.

In einem Teil ihrer Korrespondenz ist der künstlerische Schaffensprozess ein Thema, das sie ausführlich diskutieren. Dazu gehören auch Reflexionen über Johann Wolfgang von Goethe und seinen Umgang mit anderen Menschen. Marie wirft ihm vor, »seine Freunde so leicht verabschiedet« zu haben. Doch da ist Maria von Strauch anderer

Meinung und kann in seinem Verhalten keine »gewöhnliche Untreue« erkennen: »Goethe war eine Vollnatur, ein echter ungebrochener Instinktmensch; seine Natur setzte sich sofort zur Wehr, wenn ein Verhältnis eine Gefahr für seinen Genius zu werden drohte, er schüttelte ab, was ihn beengen und beschränken wollte. In Liebe und Freundschaft gab er sich stets ganz und mit voller Intensität. Seine starke Empfindungsfähigkeit überwältigte ihn mit elementarer Gewalt und hat ihn gerade zu dem großen subjektiven Dichter gemacht.« Durch Freunde sei er leicht zu beeinflussen gewesen. Immer wieder habe er »sich wieder befreien und zu sich selbst zurückkehren« müssen. »Jede wiedergewonnene Freiheit hat er mit Qualen erkauft, denen wir so tiefe Lieder, so herrliche Schöpfungen verdanken. Nichts hat er geschrieben, was er nicht selbst erfahren, und dieser Tribut an Menschenleid macht mir den Menschen Goethe so sympathisch.«

Ende Juni 1898 bringt Maria von Strauch eine These von Émile Zola ins Spiel: »Es wird im Allgemeinen zu viel gearbeitet, alle Arbeit ist nutzlos und vergeblich, wenn sie nicht schöpferisch ist.« Demgegenüber steht die Haltung des »wettergebräunten, kampfesmutigen« Dichters, »der für alle mystischen Regungen unserer Zeit nur Hohn und Spott übrig hat«. Schon in seiner »Ansprache an die Jugend« habe Zola vor »übersinnlichen Spekulationen« gewarnt und auf »das Glück der geregelten Tätigkeit« hingewiesen. Maria von Strauch empfindet es als Widerspruch: »Wenn Zola nur die schöpferische Tätigkeit als fruchtbare Arbeit anerkennt, so verträgt sich das nicht mit der planmäßigen Ausnutzung der Stunde, die er von der Jugend verlangte.« Seiner Forderung, täglich zu festgesetzter

Stunde »sein Quantum Arbeit zu leisten«, tritt sie mit der Erkenntnis entgegen: »aber der Genius lässt sich nicht kommandieren«. Das zeige sich deutlich an seinem schriftstellerischen Werk, das neben grandiosen Stellen auch langweilige, leblose enthalte.

»Alle großen dauernden Werke sind doch nur in erhöhten Momenten der Ekstase geschaffen. Und eine starke Erregung des Augenblicks erweckt die schöpferische Kraft und dann erst setzt die Verstandesarbeit ein, um den schöpferischen Gedanken fruchtbar zu machen.« Für sie gebe es einen Müßiggang, der fruchtbar sei. »Der gerade Weg aufs Ziel hin, der sich nicht aufhalten will, lässt so viele Blumen am Wege ungepflückt verwelken – so viele Gedankenkinder sterben ab, nachdem sie noch kaum das Licht erblickt haben, die Tyrannei der Pflicht tötet sie, die falsche Wertbemessung des Lebens.«

Trotz aller Ermutigung, die sie von Maria von Strauch erfuhr, tauchten bei Marie immer wieder Zweifel auf, ob der Weg, den sie eingeschlagen hatte, der richtige war. Sie fragte sich, wie sie mit ihren Selbstzweifeln umgehen solle und inwieweit diese sie im Schaffensprozess behinderten. Madame Favart, die auf eine langjährige großartige Karriere als Schauspielerin zurückblickte und bei der Marie Privatstunden genommen hatte, vertrat die Ansicht, ohne Illusion über sich selbst gebe es keine »fördernde Tätigkeit«, der ewige Zweifel führe zur Mutlosigkeit. Zwar gehöre die Selbstkritik zum Studium dazu, aber nur »ganz objektiv« in sachlicher Form. Maria von Strauch stimmte ihr zu und nannte ihrer Schülerin ein konkretes Beispiel: »Ist Ihr Ohr mit einem Ton, mit einem Ausdruck nicht zufrieden, so suchen Sie sogleich nach einem anderen, bis Sie einen finden, der Ihr Ohr befriedigt.« Sie müsse unbedingt an sich glauben und sich bei der Rezitation dem »Zauber der Dichtung« hingeben; »sie trägt Sie, und indem sie sich Ihnen in ihren Tiefen offenbart, erweckt sie auch zugleich den richtigen Ausdruck, den beseelten Ton.«

Mitte Juli 1898 zieht Maria von Strauch eine Art Zwischenbilanz zur Orientierung ihrer Schülerin: »Bis jetzt brauchen Sie noch starke Eindrücke, um fortgerissen zu werden, aber die Hauptsache ist, dass Sie lernen, schnell mit dem Willen Stimmungen in sich wachzurufen und ihnen Ausdruck zu geben.« Ibsen habe einmal gesagt: »Kunst ist Schauen und Empfinden!« Empfindung habe sie, aber die »Fähigkeit des lebendigen Schauens« müsse sie noch stärker entwickeln. Dazu gehöre es, »beim Lesen die Situation sofort in ein Wirklichkeitsbild zu verwandeln«. In diesem Bild agierten die Figuren auf ihre eigene Weise. Nun komme es darauf an, das innere Ohr zu aktivieren. Es vermöge, die fremde, eigentümliche Sprechweise der Figuren in eine vertraute zu verwandeln. »Es müssen volle, abgerundete Gestalten für Sie sein, Sie müssen mit ihnen leben, wie der Dramatiker, denn Sie schaffen ihm nach, Sie sollen diese von ihm geträumten und geschauten Figuren zu lebendigen Menschen machen und ihnen Körper geben.«

Es gibt eine Rolle, die Marie auf den Leib geschrieben zu sein scheint: die Jungfrau von Orleans. Anfang Juni 1898 schwärmt Maria von Strauch: »Gerade Sie sind geschaffen für die Rolle, durch Ihre zarte, schlanke, mädchenhafte Erscheinung charakterisieren Sie sie schon äußerlich, Ihr schwebender Gang deutet schon an, dass Johanna auf Wolken schreitet, und das Visionäre entspricht auch Ihrer Veranlagung.« Ihr Ziel war es, ihrer Schülerin dabei zu helfen, ihre Schauspielkunst zu zeigen – womit würde das wohl besser gelingen als mit dieser Rolle.

Kaum war der Plan gefasst, schon gab es erste Erfolgsmeldungen: »Es scheint wirklich jetzt uns Schlag auf Schlag alles zu gelingen!« So beginnt Maria von Strauch ihren Brief vom August 1898 und berichtet von einem Besuch beim Direktor des Revaler Stadttheaters, in der Absicht, Marie »ein Debüt für den Winter auszuwirken«. Statt ihm zu schreiben, hatte sie sich zu diesem »Überfall« entschlossen, bei dem sie von ihrem Ehemann begleitet wurde. Empfangen wurden sie von der Ehefrau des Direktors, die gerade dabei war, ihm seine Lieblingsspeise zu bereiten. Maria von Strauch ergriff die Gelegenheit, der sympathischen Frau den Grund ihres Besuches vorzutragen. Als sie gerade damit begonnen hatte, erschien der Direktor und zeigte sich sehr aufgeschlossen. Dazu trug auch die Fotografie bei, die Maria von Strauch bei sich hatte und an der besonders die Hausherrin Gefallen fand. Es blieb nicht bei vagen Zukunftsplänen, sondern führte zu der konkreten Vereinbarung, dass Marie dort im Januar 1899 für zwei Rollen engagiert wurde: für eine klassische, wie Schillers »Die Jungfrau von Orleans«, und eine moderne, wie Ibsens »Nora«. Maria von Strauchs Erwartungen an diesen Besuch waren bei Weitem übertroffen worden. Für den Anfang könne man sich eigentlich nichts Besseres wünschen. Doch es gab einen Wermutstropfen, der ihr zu schaffen machte: Maries Familie! Sie fürchte, schreibt sie Marie, »die Ihrigen, mit ihrer Bedingung der strengsten Geheimhaltung, könnten uns einen Strich durch die Rechnung machen und meine Pläne durchkreuzen«. Sie fordert sie auf, sich nicht mehr einschüchtern zu lassen und notfalls ihre Rechte einzufordern, um endlich ihren eigenen Weg zu gehen. Dann zählt sie ihr die Vorteile auf, die dieses Debüt mit sich bringen würde. So habe sie in Reval die Chance, »gleich ein erstes Fach auszufüllen, Theater, Stadt und Publikum klein, aber respektabel, besser als wenn Sie am großen Theater Nebenrollen umsonst spielen müssten«. Und dann ist da noch ein egoistischer Grund: »Nun denken Sie aber an meine Freude, wenn ich Ihre ersten Schritte leiten dürfte, wenn Sie mir so nahe blieben und ich nur eine Nachtreise brauchte, Sie zu erreichen.«

Doch nach all der Euphorie ist plötzlich von ihrem gemeinsamen Vorhaben keine Rede mehr. Vermutlich war Maries Familie, die Verwandte in Reval hatte, wieder aktiv geworden und hatte ihr nahegelegt, auf diesen Auftritt zu verzichten – mit Erfolg. Marie kehrte zurück nach Petersburg. An keiner Stelle geht Maria von Strauch auf den Vorfall ein. Hatte sie etwa kapituliert, oder brauchte sie eine Pause zum Atemholen und zum Schmieden neuer Pläne? Den folgenden Briefen ist zu entnehmen, dass die beiden Frauen ihre Zusammenarbeit weiterführten, mit der Einschränkung, sich auf deutsche Bühnen zu konzentrieren.

Mittlerweile duzten die beiden sich in ihren Briefen. Der erste Brief, in dem Maria von Strauch Marie mit Du anspricht, stammt vom Sommer 1899 aus dem lettischen Kokenhusen. Darin ist von verschiedenen deutschen Städten die Rede, an deren Theatern Maria von Strauch »anklopfen« will. Diesmal dämpft sie ihre Euphorie von Anfang an: »Wir spannen unsere Erwartungen nicht hoch, fassen ja auch die Möglichkeit des Misslingens ins Auge.« Doch die Devise bleibt: »Nur nicht mutlos werden!« Marie selbst verfolgte das Ziel einer Theaterkarriere längst nicht so entschieden wie ihre ältere Freundin. Sie hatte vor allem ein Ziel: Petersburg endlich und so schnell wie möglich zu verlassen, die Stadt, in der sie das Leben als bedrückend und anstrengend empfand, sodass es ihr manchmal den Atem raubte. Mithilfe ihrer Beziehungen stellte Maria von Strauch den Kontakt zu Raphael Löwenfeld, dem Direktor des Berliner Schiller-Theaters her, der Marie nach dem Vorsprechen sofort anbot, im Herbst bei einer Matinee die »Jungfrau von Orleans« zu geben. Einzige Bedingung: Sie möge die verbleibende Zeit nutzen, um ihre baltische Aussprache abzulegen.

Es war nicht diese Bedingung, die Marie letztendlich von einer Bühnenlaufbahn Abstand nehmen ließ, sondern der Theaterbetrieb mit seinen Gepflogenheiten und Vermarktungsstrategien, die mit den Inhalten, für die Marie brannte, nichts zu tun hatten. So empfahl ihr Löwenfeld, sich bei Journalisten und anderen Leuten aus der Berliner Kulturszene vorzustellen, um gute Kritiken zu erhalten. Doch für Marie zählte nur die Kunst, nicht ihre Vermarktung. Der Betrieb war für sie nicht mehr als ein notwendiges Übel. »Diese Besuche brachte ich nicht zustande«, berichtete sie. Eine Weile versuchte Maria von Strauch, ihren Zögling umzustimmen, indem sie die Empfehlung des Direktors als notwendige Werbung bagatellisierte, die in Theaterkreisen üblich sei. Doch irgendwann musste sie einsehen, dass Marie einfach nicht geeignet war für die Bühne mit all ihren Erfordernissen. Als sie ihr versprach, sie nicht weiter damit zu quälen, fühlte sich Marie befreit. Allerdings verfolgte sie den Unterricht bei der Sprechpädagogin und Rhetoriklehrerin Serafine Détschy weiter. Doch deren Methode entsprach nicht dem, was Marie suchte. Das »Hineingestelltwerden in das Intellektuelle, statt in das von innen heraus künstlerisch Erfühlte« empfand sie als rein äußere Zugangsweise, sodass sie bald wieder an das anknüpfte, was sie bei Madame Favart und Maria von Strauch gelernt hatte.

Neben inhaltlichen Fragen war es Maria von Strauch ein Bedürfnis, technische, insbesondere sprechtechnische Themen zu diskutieren, weil sie wusste, dass sie gerade in dieser Hinsicht auf Maries Interesse zählen konnte. In einem ihrer zahlreichen Briefe teilte sie ihr eine neue – späte – Erkenntnis mit: Das Geheimnis ihrer Wirkung auf das Publikum habe darin bestanden, dass sie sich an den Bewegungen und Tönen von Kindern orientiert habe. »Es war eine glückliche Stunde, als ein süßes Kinderstimmchen mich auf den Gedanken brachte, aus dieser Quelle zu schöpfen.« Seitdem habe sie ihre Vorbilder nicht bei den Jugendlichen, sondern bei den drei- bis sechsjährigen Kindern gesucht, denn »die haben noch die unverfälschte Natur und Grazie in ihren Bewegungen und den hellen Silberklang der Stimme, die Backfische sind Übergangsgeschöpfe und oft schon verbildet«. Sie empfahl ihrer Schülerin, »die Gesetze des Vortrags« an Kindern zu studieren, »denen das Lesenlernen noch nicht die Unbefangenheit geraubt hat«. Darin fand sie bei Marie Zustimmung. Vor allem schätzte diese beim kindlichen Vortrag das Spielerische, In-sich-selbst-Versunkene, das nicht auf die Außenwirkung hin orientiert war.

Wie wichtig Letztere innerhalb der Theaterarbeit war, hatte sie unterschätzt. Als es ihr bewusst wurde, entwickelte sie sofort einen heftigen Widerwillen dagegen. Es war nicht nur die Öffentlichkeitsarbeit, die ihr zuwider war, sondern auch jede andere Form der Selbstdarstellung um der Wirkung willen – außerhalb und innerhalb der Rolle. Ihr ging es immer um die Inhalte, die transportiert werden und im Mittelpunkt stehen sollten. Äußerlichkeiten lenkten davon oft nur ab. So empfand sie das Schminken nicht nur als unnötig, sondern als starken Eingriff in ihre Persönlichkeit. Körperlich äußerte sich ihr Widerstand in der Empfindlichkeit ihrer Augen. Das Schminken veränderte sie so sehr, meinte sie, dass sie das Gefühl hatte, nicht mehr sie selbst zu sein. Mit dem äußeren Schminken einher ging das Innere. Sie konnte sich einfach nicht verstellen – auch nicht für einen sogenannten guten Zweck. War sie letztlich beim Theater fehl am Platz?

In die Zeit der Unentschiedenheit fiel ein Schlüsselerlebnis, dessen lebensbestimmende Bedeutung ihr von einer Sekunde zur anderen bewusst wurde. Sie war zu einer wichtigen Besprechung über ihre künftige Theaterarbeit eingeladen, hatte jedoch zu der angesetzten Zeit bereits ein anderes Treffen geplant. Als sie sich auf den Weg machte, war sie noch unentschlossen. Was sollte sie tun? Die beiden Orte lagen weit voneinander entfernt. Es gab einen Umsteigebahnhof der Straßenbahn, an dem sie sich für eine Richtung entscheiden musste. Eine alltägliche Begebenheit, doch Marie wurde plötzlich klar, dass hier eine für sie existenzielle Entscheidung fallen würde. Ihr war zumute, als würde ihr bisheriges Leben so konzentriert auf sie einwirken, dass eine ungeheure innerliche Spannung entstand, die zur Entscheidung drängte. Sie ließ die Bahn, die sie zur Besprechung geführt hätte, davonfahren. Damit hatte sie sich endgültig gegen das Theater entschieden.

Auf der Suche nach dem Theater der Seele

In dieser Lebensphase gewann eine andere Bekanntschaft große Bedeutung für Marie von Sivers: die mit Édouard Schuré. Der Schriftsteller und Theosoph wurde 1841 in Straßburg geboren. Seine Werke verfasste er auf Französisch. Das berühmteste, durch das er auch Marie von Sivers' Interesse gewann, publizierte er 1889: *Les Grands Initiés – Die großen Eingeweihten.* Darin stellte er die Geschichte der Geheimreligionen und ihrer Protagonisten dar, darunter Rama, Krishna, Hermes, Moses, Orpheus, Pythagoras, Platon und Jesus. Er war der Auffassung, dass hinter ihren unterschiedlichen philosophischen und religiösen Denksystemen eine einzige fortlaufend überlieferte esoterische Geheimlehre stand. »Das Wort Esoterik stellte sich mit Flammenschrift hin neben dasjenige des äußeren Wissens, die Exoterik, und dieses Wort musste fortan Richtschnur und Leitstern werden, musste zum innern Wesen führen, das allein des Lebens Sinn aufdecken kann«, kommentierte Marie im Nachhinein die

Wirkung, die die Lektüre des Werkes auf sie gemacht hatte. Doch es war nicht nur der Inhalt seiner Schrift, sondern vor allem die poetische Sprache, die sie tief berührte.

Noch größeren Eindruck als *Les Grands Initiés* machten Schurés Theaterstücke auf Marie, allen voran »Les enfants de Lucifer«, das sie im Sommer 1900 am Ostseestrand von Riga las. In der Einleitung entwickelt er seine Utopie von einem »Theater der Seele«. Manches, was er darin postuliert, wird Marie aus der Seele gesprochen haben. So charakterisiert er das aktuelle Theater als »gehorsames Abbild der Geschichte und der uns umgebenden Gesellschaft«. Ihm ist das jedoch zu wenig, damit wird das Potenzial der Bühnenkunst bei Weitem nicht ausgeschöpft. Sein Ideal ist ein Tempeltheater der Zukunft. Es werde »den Menschen und die Geschichte nach seinem Bilde ummodeln«. Als »ein Tempel der Idee« werde es ein »zündender Herd der bewussten, freien und schöpferischen Seele« sein. »Wie ein Hammerschlag« hätten Schurés programmatische Sätze und sein Stück »Les enfants de Lucifer« auf sie gewirkt, bekannte Marie und beschloss sofort, das Drama ins Deutsche zu übersetzen. Sie fühlte sich direkt angesprochen, dem verehrten Dichter bei der Suche nach dem »Theater der Seele« zur Seite zu stehen.

In ihrem ersten Brief an Schuré, der nicht erhalten ist, hat sie ihm offensichtlich ihren Übersetzungsplan mitgeteilt und ihn um Genehmigung gebeten. Daraufhin wandte sich Schuré an seinen Verleger, der sich von Maries Initiative beeindruckt zeigte: »Der Brief von Frl. von Sivers ist in der Tat interessant und man möchte ihr so viel wie möglich helfen in ihrem Bemühen, Ihr Buch in Deutschland zu verbreiten.« Nachdem er einige Bedingungen gestellt,

Ratschläge und Empfehlungen erteilt hatte, überließ er alles Weitere dem Autor.

Dieser schrieb Mitte Oktober einen emphatischen Brief an Marie, in dem er seine späte Antwort auf ihr Schreiben erklärt. Er habe vorher seinen Verleger kontaktieren müssen – aus vertraglichen Gründen. »Lebhaft berührt« sei er von ihrem Brief. Die Art und Weise, in der sie sich anerkennend über sein Theaterstück geäußert habe, sei »ganz ungewöhnlich substantiell und geeignet, das innere Wesen eines Schriftstellers in der feinsten und beglückendsten Weise anzusprechen«. Er habe sie als einen Menschen erkannt, der zu »jenen besonderen Seelen« gehöre, »die den Sinn des Lebens jenseits des Banalen und jener Gefühle suchen, die uns aufgezwungen werden durch die Notwendigkeit des Schicksals«. Stattdessen habe sie ein Ideal frei gewählt, das sie »mit Entschlossenheit zu verwirklichen« suche und dabei sein »Theater der Seele« für sich entdeckt. Gern sei er bereit, jemandem wie ihr das Recht zur Übersetzung zu gewähren. Dafür spreche auch ihr ausgezeichnetes Französisch, vom dem er auf eine ebensolche Beherrschung der deutschen Sprache schließe. Ihren Brief halte er für »ein gutes Vorzeichen dafür, dass das ›Theater der Seele‹ einmal auf die Bühne kommt«.

Damit begann eine intensive Brieffreundschaft, die schon bald zu einer »starken seelischen Annäherung« führte und sich über 16 Jahre erstrecken sollte. Zunächst ist die Übersetzung seines Stückes Thema ihrer Korrespondenz. Schuré bewundert den »Mut und die Hingabe«, mit der Marie ihre Übersetzungstätigkeit betreibt und erklärt: »Wenn ein Übersetzer von einem so nobeln Enthusiasmus erfüllt ist für die Ideen des Textes, den er übersetzt, ist er mehr als ein Übersetzer, er wird zu einem Interpreten und Mitarbeiter des Autors.« Im Verlauf des Briefwechsels erfuhr Marie, dass Schuré Mitglied der Theosophischen Gesellschaft war, einer der gegenwärtigen geisteswissenschaftlichen Gesellschaften, der man, so wie sie es forderte, »mit innerem Gewinn angehören könnte«. Marie folgte seiner Empfehlung: Als sie das nächste Mal nach Berlin kam, erkundigte sie sich nach der dortigen Theosophischen Gesellschaft. Sie stieß auf eine Zeitungsannonce, die von Graf und Gräfin Brockdorff, den Leitern der Berliner Sektion, aufgegeben worden war, in der sie anboten, Interessierten über ihre Arbeit Auskunft zu erteilen.

Außerdem kündigten sie eine Vortragsreihe über die Mystik des Mittelalters an. Als Vortragender wurde Rudolf Steiner genannt. Er hatte in verschiedenen kulturellen Kreisen in Berlin über den 1900 verstorbenen Friedrich Nietzsche gesprochen und war den Brockdorffs empfohlen worden. Nachdem sein Nietzsche-Vortrag großen Anklang gefunden hatte, schlug er vor, beim zweiten Mal über »Goethes geheime Offenbarung« zu sprechen. Dessen »Märchen von der grünen Schlange und der schönen Lilie« hatte ihn seit Langem zu Reflexionen über den »Vorhof der Esoterik« angeregt. Bei Gräfin Brockdorff stieß er auf offene Ohren. Sie betrachtete es als Chance, das Gedankengut der Theosophischen Gesellschaft wieder neu zu beleben. Zu diesem Zweck lud sie Rudolf Steiner ein, dort regelmäßig Vorträge zu halten. Er willigte ein unter der Prämisse, nur über das sprechen zu wollen, was in ihm als »eigene Geist-Erkenntnis« lebe. Bei einem dieser Vorträge lernte er Marie von Sivers kennen, die bereits Mitglied der Theosophischen Gesellschaft war und ihn fragte, warum er noch nicht eingetreten sei. Wie er selbst rückblickend in seinem Vortrag vom Dezember 1911 unter dem

Titel »Zur Geschichte und aus den Inhalten der ersten Abteilung der Esoterischen Schule« erklärte, fürchtete er, missverstanden zu werden. Er vertrete nämlich die Auffassung, dass es für das Abendland bedeutendere okkulte Impulse als die unverstandene orientalisierende Mystik der Theosophischen Gesellschaft gebe – ein nicht zu übersehender Seitenhieb auf Annie Besant. Zum Zeitpunkt ihrer Begegnung war Marie von Sivers 33 und Rudolf Steiner 39 Jahre alt.

Wer war dieser begnadete Redner, von dem sich Marie von Sivers so stark angesprochen fühlte? Sie empfand ihre Begegnung als schicksalhaft, erzeugt durch eine gewisse Zwangsläufigkeit. Sie mussten sich einfach kennenlernen.

Rudolf Steiner wurde am 27. Februar 1861 in Donji Kraljevec, damals Ungarn, heute Kroatien, geboren. Er war das älteste Kind, eine Schwester und ein Bruder folgten. Seine Kindheit verbrachte er unter anderem in Pottschach, wo sein Vater als Telegrafist bei der österreichischen Südbahn arbeitete. Die Wohnung der Familie Steiner befand sich im Bahnhofsgebäude, direkt an den Eisenbahnschienen. Unterwegssein war eine Lebensweise, mit der Rudolf Steiner früh vertraut war.

Er begann im Alter von 18 Jahren, an der Technischen Hochschule in Wien Biologie, Chemie, Physik und Mathematik zu studieren. Seine drängenden Fragen jedoch richteten sich auf die menschliche Existenz, und er widmete sich zunehmend der Philosophie. Das Phänomen des »Ich-Bewusstseins« wurde zentrales Thema seiner Studien. 1891 wurde er an der Universität Rostock zum Dr. phil. promoviert. Sein Doktorvater, der Philologe und Philosoph Heinrich von Stein, war Rektor dieser Hochschule. Der Titel seiner Dissertation war »Die Grundfrage der Erkenntnistheorie mit besonderer Rücksicht auf Fichtes Wissenschaftslehre. Prolegomena zur Verständigung des philosophischen Bewußtseins mit sich selbst«. Der letzte Satz lautete: »Das wichtigste Problem alles menschlichen Denkens ist das: den Menschen als auf sich selbst gegründete, freie Persönlichkeit zu begreifen.«

Bereits 1890, ein Jahr vor seiner Promotion, war Steiner im Alter von 29 Jahren Mitarbeiter im Goethe- und Schiller-Archiv in Weimar geworden, wo er Goethes Naturwissenschaftliche Schriften für die große Weimarer Goethe-Ausgabe herausgab. Er wohnte bei der Witwe Anna Eunike, seiner späteren Ehefrau. Die Heirat sollte im Oktober 1899 stattfinden.

In Weimar begegnete er Ernst Haeckel, Hermann Grimm und Friedrich Nietzsche. Er arbeitete als Privatlehrer, Redakteur, schrieb vier Bücher, unter anderem *Die Philosophie der Freiheit,* und begann verstärkt, Vorträge zu halten. 1899 zog das Paar nach Berlin, wo er publizistisch und als Herausgeber tätig war. In dieser Zeit veröffentlichte er zahlreiche Aufsätze zu künstlerischen, philosophischen und politischen Themen. Eng befreundet war er mit dem deutschen Dichter und Anarchisten John Henry Mackay. Beide vertraten einen individualistischen Anarchismus und gaben gemeinsam die Schrift *Sind Anarchisten Mörder?* heraus. Der individualistische Anarchismus strebte eine Gesellschaftsordnung an, in der die Freiheit von äußerem Zwang für jedes Individuum den höchsten Wert darstellte. Sie sollte nicht durch Gewalt hergestellt werden, sondern durch Aufklärung und Überzeugungsarbeit, also nicht auf revolutionärem, sondern auf evolutionärem Wege erfolgen. Akzeptierte Mittel waren Verweigerung und passiver Widerstand gegenüber staatlichen Verordnungen.

Steiner hatte in seinen ersten Berliner Jahren mit materieller Not zu kämpfen. Von Januar 1899 bis zum Frühjahr 1905 gab er Kurse an der sozialistisch geprägten Berliner Arbeiter-Bildungsschule. Er bewegte sich in den unterschiedlichsten Kreisen – »Vielseitigkeit und Vorurteilslosigkeit« war dabei sein Motto. Zu seinen Bekannten gehörten neben den bereits erwähnten Anarchisten auch Frauenrechtlerinnen, bekennende Homosexuelle, Kämpferinnen für die freie Liebe, Bohémiens und Bohémiennes. Von 1898 bis 1900 gab er das *Magazin für Literatur* heraus. 1900 wurde er Vorsitzender der künstlerisch-literarischen Vereinigung »Die Kommenden«, die sich wöchentlich im Nollendorf-Kasino zu Lesungen und Vorträgen traf. Unter den Vortragenden waren Else Lasker-Schüler, Ernst von Wolzogen und Stefan Zweig.

Nachdem Marie einige Vorträge Steiners besucht hatte, traf sie sich mit ihm zu intensiven Gesprächen. Das erste hat sie ihrer Freundin Marie Savitch wiedergegeben. Es fand im Winter des Jahres 1900 statt. Rudolf Steiner erkundigte sich bei Marie nach ihrer Arbeit. Sie kam gleich darauf zu sprechen, dass die Sprache für sie das Wichtigste sei. Sprache als etwas Lebendiges. Demzufolge habe sie Schwierigkeiten mit den modernen Dichtern und ihren Werken. Sie vermisste bei ihnen den Versuch, »in die Sprache selber einzudringen«. Besonders abgestoßen war sie von der Art und Weise, in der die Gedichte vorgetragen wurden. In Berlin galt es als progressiv, so zu sprechen wie die damals modernen symbolistischen und expressionistischen Dichterinnen und Dichter, was bedeutete: »mit der größtmöglichen Nachlässigkeit der Sprache gegenüber«. Silben verschlucken, Lispeln, Nuscheln wurde nicht nur akzeptiert, sondern war sogar erwünscht.

Über ein zweites Gespräch im Herbst 1901 beim »Chrysanthemen-Tee« – so nannte Marie die Tee-Einladung in einem über und über mit Blumen geschmückten Salon – hat sich Rudolf Steiner rückblickend mehrfach geäußert. Marie von Sivers habe ihn gefragt, »ob es nicht doch sehr notwendig sei, eine geistige Bewegung in Europa ins Leben zu rufen«. Daraufhin habe er klar und eindeutig geantwortet: »Gewiss, notwendig ist es, eine geisteswissenschaftliche Bewegung ins Leben zu rufen; ich werde mich aber nur finden lassen für eine solche Bewegung, die an den abendländischen Okkultismus und ausschließlich an diesen anknüpft und diesen fortentwickelt.«

Marie war in dieser Zeit mit der Übertragung des Dramas »Les enfants de Lucifer« ins Deutsche beschäftigt und führte weiterhin eine intensive Korrespondenz mit Édouard Schuré über diese Arbeit. In seinem Brief vom 10. Januar 1901 zeigte sich Schuré begeistert von den Teilen ihrer Übersetzung, die sie ihm geschickt hatte, dem 1. Akt. Sie beherrsche »das Deutsche mindestens ebenso gut wie das Französische«, staunte er, das »Genie der Sprache« sei ihr aufs Genaueste vertraut. Daher sei er sich sicher, dass die von ihr angefertigte deutsche Übersetzung nicht nur seine Gedanken vollständig wiedergebe, sondern auch »den poetischen Schwung«. Bereits fünf Tage später schickte er ihr den zweiten Akt. In den folgenden Briefen geht er näher auf Details seines Stückes ein, nennt ihr weitere literarische Projekte, die er verfolgen möchte, und bemerkt plötzlich, dass er »nicht die geringste Vorstellung« von ihrem Äußeren, ihren Gesichtszügen habe. Dennoch glaube er, durch ihre Briefe ihre Seele genau zu kennen.

Zurück aus dem Baltikum, wo sie wieder die Sommermonate verbracht hatte, besuchte Marie im Herbst 1901 Rudolf Steiners zweiten Vortragszyklus im Hause Brockdorff. Durch Nina Gernet, eine aus Russland stammende Theosophin, erfuhr sie, dass in Italien eine Sektion der Theosophischen Gesellschaft gegründet werden sollte. Gemäß den Statuten waren dafür sieben Logen nötig. Eine sollte in Bologna gegründet werden, das bereits im nächsten Jahr Schauplatz eines Theosophischen Kongresses sein sollte. Da Marie sehr gut Italienisch sprach, wurde sie aufgefordert, beim Aufbau der Loge zu helfen.

Offensichtlich hatte sie Édouard Schuré gefragt, was er davon halte, worauf er ihr am 25. Oktober 1901 antwortete: »Folgen Sie Ihrer Eingebung, wenn die innere Stimme (die einzig wahre) es Ihnen befiehlt!« Vorher hatte er einige Bedenken geäußert, ob ihre »freie und unabhängige Natur sich wohl darin gefallen würde, Richtlinien zu gehorchen und zu handeln unter der Leitung der Meister«. Da er wusste, dass die freie und unabhängige Freundin sich zwar durchaus Rat einholte und sich mit diesem ernsthaft auseinandersetzte, aber letztlich das tat, was sie selbst für richtig hielt, beendete er seinen Brief mit den Worten: »Sie werden also jetzt nach Bologna reisen und dort theosophische Propaganda machen.« Er sei gespannt auf ihre Erfahrungsberichte, die »nicht anders als interessant und fruchtbar sein können«, und bittet sie, ihm ihre Adresse in Bologna mitzuteilen, damit er ihr weiter schreiben kann.

Seinen Bedenken schloss sich Maria von Strauch an, der Marie von ihrem Briefwechsel mit Schuré berichtet hatte. Auch sie sah die Gefahr, dass die Freiheit der Freundin in der Organisation beschnitten werden könnte, vertraute jedoch auf den Widerstandsgeist Maries, den diese schon häufiger bewiesen hatte, wenn es darum ging, die eigene

Freiheit zu verteidigen. Das hatte sie sogar schon als junges Mädchen innerhalb ihrer Familie getan. Zwar war ihr damals nichts anderes übrig geblieben, als die Anordnungen der Mutter und des Bruders zu befolgen, doch hatte sie gleichzeitig immer erfolgreich nach Auswegen gesucht, wie die Hefte zeigen, in denen sie ihr Selbststudium, das sie »in voller Einsamkeit betrieben« hatte, protokolliert hat.

Ein halbes Jahr blieb Marie in Bologna. Worin ihre Unterstützungstätigkeit beim Aufbau der theosophischen Loge bestand, hat sie in ihren Briefen nicht präzisiert. Ihre Korrespondenz mit Édouard Schuré setzte sich fort wie bisher: Sie diskutierten über seine Werke und ihre Übersetzungen derselben. Mittlerweile drängte er immer stärker auf ein persönliches Treffen, um endlich ein Bild vor Augen zu haben, ihre »Individualität nicht nur im Geiste, sondern in Fleisch und Blut« zu spüren, wenn er an sie denke. Da es sich so schnell nicht realisieren lassen würde, bat er sie um eine Fotografie. Ihre Selbstbeschreibung – blond, hellhäutig mit blauen Augen – lasse sie zwar »aus der nebelhaften Astralwelt« hervortreten, ersetze jedoch kein Foto, um das er am Schluss seines Briefes vom 15. November 1901 noch einmal eindringlich bittet – mit dem Hinweis: »Es gibt ausgezeichnete Photographen in Bologna.«

Marie stellte seine Geduld auf eine harte Probe: Erst am 3. Februar 1902 meldete Schuré, dass die »sympathische und ausdrucksvolle Photographie«, um die er sie so inständig gebeten hatte, eingetroffen sei und eine Überraschung bei ihm ausgelöst habe. Er habe sie sich eher als englischen oder slawischen Typus vorgestellt, bekennt er. »Nun sehen Sie wie eine Deutsche aus, aber von seltener Verfeinerung, gestählt wie eine Toledoklinge.«

Ihre Physiognomie sei modern, man erkenne in ihr die Fähigkeit zum exakten Denken, selbst wenn man meine, Träume in ihren Augen zu entdecken. Beeindruckt sei er »von dem Durchdringenden und Treffenden« in ihrem Blick, genauso wie von der »Willenskraft und Festigkeit« ihres Mundes.

Schuré überlässt sich seinen Assoziationen und Interpretationen, charakterisiert sie als apollinische, nicht als dionysische Natur. Daher sei ihr das Rauschhafte fremd. Die »Meister des Orients und ihre Gesandten im Abendland« müssten in ihr »die außergewöhnliche Klarheit des Geistes und die Willenskraft« schätzen, hinter der sich ihre Empfindsamkeit und ihr Einfühlungsvermögen verbärgen. Seine Charakteranalyse schließt er mit einer ironischen Bemerkung: »Ein wenig bedaure ich die Italiener, die Ihrer ›Stahlklinge‹ begegnen werden. Diese wird sie erstaunen und etwas verwirren.«

Dass Marie von den Ausführungen des geschätzten Freundes zu ihrer Fotografie verwirrt, zumindest erstaunt war, ist anzunehmen. Zumindest benötigte sie eine Art zweiter Meinung und schickte Schurés Brief an ihre Vertraute Maria von Strauch weiter. Deren Antwort bestand zuallererst in einem Lob Schurés und seiner Fähigkeit, »wechselnde Einzelzüge«, die sie selbst immer wieder »frappiert« hatten, »mit echt dichterischer Sehergabe zu einem charakteristischen Gesamtbilde zu vereinigen«. Gleichzeitig bekennt sie, dass ihr die neuen Fotos, die Marie in Bologna anfertigen ließ, fremd vorkommen. Man spürt einen gewissen Unwillen, so als maßte sich Schuré etwas an, das nur ihr, der engen Vertrauten, zusteht. Auf den Fotos überwiegt für sie »das Fremde, das Ferne, das Entrückte, das Gewordene«, während auf den älteren Bildern aus Petersburg »das Weiche, Sehnende, Suchende«, das einer Stütze bedurfte, im Vordergrund steht. »Mein zartes Prinzesschen! Meine Märchenfee!«, ruft sie in ihrem Brief – als hätte sie Angst vor einem großen Verlust. Von diesem früheren Gesichtsausdruck hat sie sich direkt angesprochen gefühlt. Es stehe ihr »menschlich näher«, gesteht sie, obwohl sie »das Gesammelte, das Geklärte, das Konzentrierte« bewundere, gebe es ihr doch »Rätsel über Rätsel« auf. Ihr Fazit: »Selten hat sich eines Menschen körperliche Erscheinung in wenigen Jahren so verändert.« Und sie weist darauf hin, wie sehr die äußere Erscheinung von der Umgebung, in der ein Mensch lebt, bestimmt wird. Mit leisem Triumph bemerkt die Freundin, dass sie selbst das »Madonnenhaft-Mütterliche«, das sie »aus den Urgründen heraufgezaubert« habe, kenne. So ist sie ihm zumindest in dieser Hinsicht überlegen.

Annäherung an die Theosophie

Auf die Gründung der italienischen Sektion der Theosophischen Gesellschaft in Rom, die im Februar 1902 stattfand, folgte einen Monat später ein Kongress in Bologna, an dem drei »Hauptleader« teilnahmen: Annie Besant, Charles W. Leadbeater und Curuppumullage Jinarajadasa. »Im Frühling 1902 übersetzte ich drei Wochen lang täglich die Vorträge des Inders Jinarajadasa, des jetzt schon ernannten künftigen Präsidenten der Theosophischen Gesellschaft, aus der englischen in die italienische Sprache«, berichtet Marie von Sivers. Es war eine illustre Gesellschaft, die sich auf Einladung von Nina Gernet dort versammelt hatte. Das Publikum bestand überwiegend aus Ärzten und Medizinstudenten, denen manche Vorträge seltsam vorkommen mussten. Sie kollidierten mit den wissenschaftlichen Erkenntnissen, über welche die meisten Zuhörer verfügten. Marie befand sich in ihrer Funktion als Übersetzerin in einem Dilemma. Sie löste es, indem sie ihrer jeweiligen Übersetzung eine Erklärung voranstellte: »Questa Signora dice, che … – Diese Dame sagt, dass …«

Der »Leader« Jinarajadasa erregte Aufsehen, wenn er, umgeben von zwei Begleiterinnen – Nina Gernet und Marie von Sivers –, durch die Gassen der italienischen Stadt flanierte. Mit seinem langen Haar, seinem schwarzen Bart, bekleidet mit einem prächtigen indischen Gewand, auf dem Kopf einen Turban, bot er besonders zu der hellhäutigen blonden Marie einen imposanten Kontrast. Doch von seinen Reden und Vorträgen, die sie in ihrer Rolle als Übersetzerin und Dolmetscherin sehr genau analysierte, zeigte sie sich wenig beeindruckt. Sie schienen ihr zu oberflächlich, gingen nicht in die Tiefe, so wie sie es sich gewünscht hätte.

Was sie hingegen nachhaltig beeindruckte, war die italienische Kunst und Architektur, von der sie in Bologna umgeben war. Es tat ihr gut, in einem Land zu sein, dessen Kultur sie liebte und in dem sie sich zu Hause fühlte.

Während sie die Theosophische Gesellschaft in Italien etablierte, stagnierte die Entwicklung in Deutschland. Die Suche nach einem geeigneten Führer gestaltete sich außerordentlich schwierig. Rudolf Steiner, dem man diese Position angetragen hatte, bevor er überhaupt Mitglied der Theosophischen Gesellschaft geworden war, hatte brüsk abgelehnt. Nach wie vor bemängelte er das »Orientalisierende« der Theosophischen Gesellschaft und bestand darauf, dass die Grundlage seines Wirkens europäisches Gedankengut sein müsse – wie er bereits in seiner Vortragsreihe über griechisches und ägyptisches Mysterienwesen und in seinem anschließend publizierten Buch *Das Christentum als mystische Tatsache* unmissverständlich erklärt hatte.

Doch plötzlich schien er seine Einstellung geändert zu haben und antwortete Gräfin Brockdorff auf ihre erneute

Frage, er sei dazu bereit, den Vorsitz der Berliner Gesellschaft zu übernehmen unter der Bedingung, dass Fräulein von Sivers ihn dabei unterstützen würde. »Wenn sie mitmacht, kann man es versuchen«, lautete seine Begründung.

Gräfin Brockdorff teilte Marie, die noch in Bologna weilte, die gute Nachricht mit – ohne ihr allerdings zu sagen, dass Steiner ihre Mitarbeit zur Bedingung gemacht hatte. Fast zur selben Zeit wurde ihr eine Stelle als Sekretärin in der Loge von Florenz angeboten. Obwohl sie Italien liebte, zögerte sie nicht mit ihrer Entscheidung. Sie wusste, wo sie hingehörte. In Maries Aufsatz »Die Anfänge der geisteswissenschaftlichen Vortragstätigkeit Rudolf Steiners« schildert sie ihre damalige Gemütsverfassung, die zwischen Verständnis für Steiners radikaler Position und dem Wunsch nach Erneuerung der Theosophischen Gesellschaft hin und her schwankte.

Steiners Ablehnung mit den Worten »Das ist unmöglich, denn ich mache einen großen Unterschied zwischen morgenländischer und abendländischer Mystik« schien ihr endgültig – dennoch suchte sie nach einer Möglichkeit, sie zu revidieren. Als sie noch während ihres Bologna-Aufenthalts die Nachricht erhielt, »Rudolf Steiner hätte sich nun entschlossen, den Bitten der Theosophen zu willfahren und der Leiter der Bewegung in Deutschland zu werden«, löste das bei ihr die Gewissheit aus: »Jetzt, wusste ich, würde dieser Unterschied in helles Licht gerückt und vielleicht auch überbrückt werden.«

Welche Rolle sie bei dieser Entscheidung Steiners gespielt hatte, sollte sie erst später erfahren. Sie hat den Vorgang im Januar 1946 in einem Brief kommentiert, in dem sie wieder einmal von außen auf sich blickt und sich auf verblüffende Weise selbst stilisiert. Sie schreibt, Steiner habe sich erst dazu entschieden, den Bitten der Mitglieder der Theosophischen Gesellschaft zu entsprechen, »als er einen Menschen als Hilfskraft fand, der keine Veranlagung zum Sektiererischen hatte und seinen weit überragenden Absichten Verständnis entgegenbrachte«. Diese »Seelenhaltung« sei unter den Mitgliedern nicht leicht zu finden gewesen. »Es musste erst ein in Russland heimatloser Mensch nach Deutschland kommen, auf das Land seiner Sehnsucht, das ihm eben Möglichkeiten für geistige Arbeit geboten hatte, auf Italien, verzichten und in das fremde Berlin sich begeben, wo ein Kreis von suchenden Menschen behauptete, ohne das nicht weiter zusammenhalten zu können.«

Doch es wird über die Seelenverwandtschaft hinaus auch praktische Gründe für Rudolf Steiner gegeben haben: Maries Vielsprachigkeit und vielfältige Reiseerfahrung waren für diese Sekretärinnentätigkeit, bei der die internationale Korrespondenz eine wichtige Rolle spielte, nicht zu unterschätzen.

Marie verließ Bologna Anfang Juli 1902, um Rudolf Steiner auf seiner Reise nach London zu begleiten, wo er bei einem Kongress der dortigen Theosophischen Gesellschaft einen Vortrag hielt. Anschließend reiste sie ins Baltikum, wo sie mit ihrer Freundin Maria von Strauch wie jedes Jahr die Sommerferien verbrachte. Am 20. August schrieb ihr Rudolf Steiner: »Hoffentlich dürfen wir Sie am 15. September in Berlin erwarten?« In der Septemberausgabe des *Vahan,* der von Gräfin Brockdorff herausgegebenen *Unabhängigen Monatsschrift für Theosophie,* wurde angekündigt, dass Fräulein M. von Sivers am 20. September »alle Geschäfte der Deutschen Theosophischen Gesellschaft und der Bibliothek« übernimmt.

Am 25. September verkündete Rudolf Steiner: »Fräulein von Sivers waltete bereits ihres Amtes. Sie ist wirklich eine glänzende große Erscheinung innerhalb der jetzigen Misere. Ich bin froh, dass sie da ist. In jeder Beziehung kann ich auf sie bauen.«

Aus der anfänglichen Arbeitsbeziehung von Marie von Sivers und Rudolf Steiner entwickelte sich bald eine Freundschaft, die sie als »treue, feste Waffenbrüderschaft« bezeichneten. Steiner wurde nicht müde zu betonen, wie wichtig es für ihn war, sie an seiner Seite zu wissen. Nicht nur ihr organisatorisches Talent, ihre Sprachkenntnisse, ihre Klugheit stärkten ihn, sondern auch ihr Einfühlungsvermögen und ihr Verständnis.

»Du verstehst mich; und das gibt mir Kraft, das macht mir die Flügel frei«, schrieb er ihr am 18. April 1903 aus Weimar. In dieser Zeit ging er meistens allein auf Vortragsreise und versicherte ihr: »Wir sind auch dann zusammen, wenn wir räumlich nicht nebeneinander sind.« Am 19. April nannte er ihr »nur einen Richtsatz: wir halten treu zusammen«.

Manchmal gerät er ins Schwärmen: »Ich denke in Liebe an Dich ... Du bist mir die Priesterin, als die Du mir entgegenblicktest, als ich Deine Individualität erkannt hatte«, schreibt er Anfang April 1904 aus Stuttgart. Er erwähnt die Reinheit ihrer Seele, die der Grund seiner Zuneigung ist. »Wir leben miteinander, weil wir innerlich zueinander gehören, und wir werden immer ein Recht haben, so zueinander zu sein, wie wir sind, wenn wir uns klar sind, dass unser persönliches Verhältnis eingetaucht ist in den heiligen Dienst der Geistesevolution.« Diese »Heiligkeit« dürfe nicht im Geringsten gestört werden.

Er fürchtet sich nicht davor, von anderen missverstanden zu werden, wenn sie nur bei ihm ist. Dass sich »manche widerstrebenden Mächte« gegen ihren »Seelenbund« richten, war für ihn vorauszusehen. »Derlei Dingen muss in voller Ruhe standgehalten werden.« Auch Marie hat Misstrauen und Argwohn zu spüren bekommen: »Das Unbegreifliche ist vielleicht, dass jemand von einer so zerbrechlichen Menschlichkeit wie ich von ihm gewählt wurde, um ihm in Arbeit und Muße Gefährtin zu sein. Es gibt Leute, die das irritiert. Man wird in ihm das Allzumenschliche suchen«, vertraut sie Schuré an.

Steiner lässt sich nicht beirren: Mit ihr zusammen fühlt er sich sicher – er spürt sie auch, wenn sie viele Kilometer voneinander getrennt sind, und genießt ihre Briefe. »Der Augenblick, in dem ich Deine Briefe lese, ist ein Feieraugenblick, und ich weiß, dass es so sein soll«, offenbart er ihr am 11. April 1904 aus München.

Von Marie von Sivers ist aus dieser Phase ihrer frühen Bekanntschaft nur ein einziger Brief erhalten: Am 18. April 1903 schreibt sie ihm aus Schlachtensee: »Dir aber tausend Dank, Du Guter, Bester, für das Meer von Licht, das Du mir gibst, und für Dein spirituelles Tragen.«

Nicht zu spät zum Studieren

Als »M. Wegman von Java«, wie im Züricher Universitätsregister vermerkt ist, 1905 mit dem Medizinstudium begann, war sie 29 Jahre alt. Nicht nur für damalige Verhältnisse ziemlich alt für eine angehende Studentin. Üblicherweise hatte man in diesem Alter sein Studium abgeschlossen beziehungsweise sollte man eigentlich seinen Weg gefunden haben – wobei die Auswahl der möglichen Wege für Frauen allerdings eine sehr begrenzte war. Ita war, was Lebensentscheidungen betraf, ganz auf sich selbst gestellt oder – vielleicht trifft es das besser – allein gelassen. Weder bei ihren Eltern noch bei ihren Geschwistern und Verwandten fand sie Rat. Der Vater stellte eine Autorität dar, die sie bewunderte, aber das hieß nicht, dass sie ihm in blindem Gehorsam ergeben war. Im Gegenteil: Es gab immer wieder heftige Auseinandersetzungen – ähnlich wie bei Marie von Sivers, wenn diese ihre Ausbildungswünsche durchsetzen wollte und auf erbitterten Widerstand innerhalb der Familie stieß.

Zwar war der Freiraum, den man Ita zubilligte, ein größerer, doch dieser bedeutete gleichzeitig ein Maß an Eigenverantwortung, das sie zumindest manchmal überforderte. Ihre Schwester Charlien hatte mit diesen Problemen nicht zu kämpfen. Sie identifizierte sich mit der Rolle der Frau ihrer Gesellschaftsschicht, bewunderte zwar die aufmüpfige Schwester, folgte ihr jedoch nicht in ihren Ansprüchen. Darin blieb Ita allein: eine selbstbewusste junge Frau, die als stark und durchsetzungsfähig galt, aber trotzdem Vorbilder, zumindest Ratgeber benötigte, die ihre Entscheidungsprozesse begleiteten.

Ein Hauptkonflikt bestand letztlich in der Frage, zu welchem Kontinent sie gehörte: Geprägt von der Spiritualität, dem Kollektivismus und der Naturverbundenheit Asiens, übte der Rationalismus und Individualismus der europäischen Hochkultur eine große Anziehungskraft auf sie aus. Auch darin fand sie sich wieder. Beide Einflüsse existierten gleichberechtigt in ihr, stärkten und irritierten sie zugleich. Während der Zeit in Arnheim bei der von ihr sehr geliebten Frau Wenting hatte sie europäische Metropolen besucht und deren kulturelles Angebot genossen: Brüssel, London, Paris, Berlin, Köln. »Herrliche Jahre«, lautete der Kommentar ihrer Schwester Charlien, die damals mit von der Partie war.

Mit 29 also ein Neubeginn: Ita Wegmans Biograf J.E. Zeylmans van Emmichoven bezeichnete die Züricher Zeit seiner Protagonistin, die insgesamt 15 Jahre dauerte, als ihre »zweiten Lehr- und Wanderjahre«, also eine Lebensphase, in der Lernen und Bewegung im Mittelpunkt standen. Bewegung nicht nur in geistiger, sondern auch in physischer Hinsicht: elfmal ist sie umgezogen während dieser 15 Züricher Jahre. Im Einwohnerregister erscheint ihr Name am 25. Mai 1905 zum ersten Mal. Die Adresse: Zehnderweg 4.

Itas zweite Lehr- und Wanderjahre begannen mit dem Nachholen des Abiturs, der Voraussetzung für ihre Immatrikulation an der Universität Zürich 1906. Schon seit Mitte des 19. Jahrhunderts war die Züricher Universität bei ausländischen Studierenden beliebt. Im Wintersemester 1906, als Ita ihr Studium begann, befanden sich unter den 640 für Medizin Immatrikulierten 160 aus der Schweiz, 240 aus Russland und 240 aus verschiedenen Ländern Europas, Japan, den USA und von Java. Ein Drittel davon waren Frauen.

Ita gefiel es, unter Menschen verschiedener Nationalitäten zu sein. Sie fühlte sich dort zu Hause. Anders als Marie von Sivers im ungeliebten Petersburg hatte sie mit Zürich einen Ort gefunden, der ihr entsprach und an dem sie sich wohlfühlte. »Bis zum Ausbruch des Ersten Weltkrieges war nicht nur die Schweiz, sondern ganz Europa für sie ein großes Haus, in dessen verschiedenen Zimmern man sich gern aufhält«, charakterisiert Zeylmans Ita Wegmans Lebensgefühl.

Innerhalb dieses großen Hauses bewegte sie sich souverän und ruhelos zugleich. All ihren wechselnden Wohnungen gemeinsam war ihre Lage rechts der Limmat und die Nähe zu einigen Krankenhäusern: der Universitäts-, der Kinder- und der Frauenklinik und des Theodosianums. Eine Gegend, in der viele Studentinnen und Studenten wohnten.

Am längsten blieb Ita in einem Studentenzimmer in der Gloriastraße, wenige Minuten von der Universität entfernt. Dort erhielt sie 1905 Besuch von Rudolf Steiner, wie sie in ihrem Notizbuch berichtet. Das war, kurz bevor sie mit ihrem Studium begann. Es sind nicht die für sie überaus wichtigen, existenziellen Gespräche, die sie in ihren kurzen Aufzeichnungen wiedergibt – »Es würde zu weit führen, wollte ich jedes Gespräch, jede wichtige Begegnung erwähnen. Rudolf Steiner interessierte sich für alles …«, erklärt sie, um sich dann einem Spaziergang zu widmen, den die beiden unternahmen. Er führte zur Villa Wesendonck, die in der Nähe von Zürich lag, und zu dem »Gartenhäuschen, in dem Richard Wagner den Anfang seines Parzival dichtete«. Es habe auf sie großen Eindruck gemacht, gestand sie, wie Steiner sich diesem Ort annäherte. Am meisten habe ihn die Umgebung interessiert. »Die Nüchternheit, aber zugleich auch die Reinheit der Umgebung waren wohl notwendig«, vermutete sie, »um – als Gegensatz – bei Wagner den inneren Reichtum seiner Seele zur Entfaltung zu bringen.«

In dieser Zeit korrespondierten Rudolf Steiner und Ita miteinander. Er machte sie mit einem Repetitor bekannt, der ihr half, sich auf die Aufnahmeprüfung der Universität vorzubereiten. Das Projekt Medizinstudium musste unbedingt realisiert werden. Aus Steiners Brief vom 11. September 1905 geht hervor, dass sie im selben Monat in den Sravaka-Orden (Sravaka = Hörer) der Esoterischen Schule der Theosophischen Gesellschaft aufgenommen wurde. Drei Jahre war sie Novizin in dieser Schule, 1908 wurde sie in eine höhere Klasse aufgenommen. Darüber ist – außer Steiners Brief – nichts bekannt.

Damals lebten nicht viele Mitglieder der Theosophischen Gesellschaft in Zürich. Erst 1908 waren die Voraussetzungen geschaffen, eine Loge zu gründen. Ita kannte zwei der Logenmitglieder: den Zahnarzt Alfred Gysi und den Künstler Wilhelm von Megerle. Gysi sollte 1913 beim Ankauf des Baugeländes für das Goetheanum in Dornach behilflich sein.

Zu den Gepflogenheiten innerhalb der Esoterischen Schule gehörte es, dem Lehrer von seinen Erfahrungen zu berichten, besonders wenn man Schwierigkeiten beim Meditieren hatte. In einer solchen Situation befand sich Ita, als sie am 24. Februar 1906 an Steiner schrieb. Sie erinnerte ihn an seine Aufforderung, zu ihm zu kommen, wenn etwas sie bedrücke und sie Rat brauche. Nun sei die Zeit gekommen. Sie hoffe sehr, er werde ihr helfen können. Es war die Studiensituation, die sie unzufrieden machte: »Dieses hastige Arbeiten, dieses Pauken für ein Examen hat auf mich einen ganz miserablen Einfluss, und ich bin unbefriedigt von mir selber.« Um »richtig zu meditieren«, habe sie nicht die notwendige Ruhe, außerdem sei sie oft müde und abgespannt. Einerseits wolle sie so schnell wie möglich Examen machen, um die für sie schwer erträgliche Studiensituation hinter sich zu bringen, andererseits frage sie sich, »ob es das Richtige ist, eine Prüfung zu machen, wo man fühlt, dass man noch nicht genügend die nötigen Kenntnisse dafür gesammelt hat«. Besonders die Mathematik bereite ihr Schwierigkeiten und zeige ihr ihre Unfähigkeit zur Konzentration. Sie fragte ihn, ob es richtig sei, dass sie das Examen mache, und ob er glaube, dass sie es bestehen werde. Nachdem sie ihm die vorläufigen Termine mitgeteilt hatte, wünschte sie sich: »Wenn Sie mir doch ein wenig helfen wollten!«

Vermutlich war es für eine so eigenständige Persönlichkeit wie Ita nicht leicht, sich und vor allem jemand anders einzugestehen, dass man Hilfe brauchte. Der Brief an Steiner zeugt von Vertrauen und Hochachtung, die sie ihm entgegenbrachte, ohne sich selbst unterzuordnen. An der Universität scheint sie niemanden gefunden zu haben, dem sie sich auf ähnliche Weise anvertrauen konnte, obwohl die damalige medizinische Fakultät klein war, sodass ein enger Kontakt mit den Lehrenden üblich war. Auch die Zahl der Studierenden war nicht groß, insgesamt herrschte eine nahezu familiäre Atmosphäre.

In ihrem ersten Semester belegte Ita Vorlesungen in Anatomie, Physik, anorganischer Chemie, Botanik und Zoologie. Später kamen Physiologie, Physiologische Chemie, Embryologie, Histologie, innere Medizin, Neurologie, Chirurgie, pathologische Anatomie, allgemeine Pathologie, Pharmakologie, Bakteriologie, Augenheilkunde, Gynäkologie und Dermatologie dazu. Nach dem zweiten Semester absolvierte sie ihr erstes Propädeutisches Examen, nach dem vierten Semester ihr zweites. Von Oktober 1909 bis März 1910, im achten und neunten Semester, wechselte sie nach München, wo sie unter anderem bei Professor Emil Kraepelin an der Psychiatrischen Klinik eingeschrieben war.

Ein Grund für den Wechsel der Universität könnte darin bestanden haben, dass sie sich stärker in theosophische Kreise einbringen wollte, was in Zürich nicht möglich war, weil der Kreis der dort lebenden Theosophen klein war. München bot da mehr Entfaltungsmöglichkeiten. Begleitet wurde sie unter anderem von Victor J. Müller aus Bern, mit dem sie eine innige Freundschaft verband. Fotos, Karten und Briefe aus dieser Zeit machen deutlich, dass Ita das studentische Leben genoss und intensive Bekanntschaften pflegte: weibliche genauso wie männliche. Unter Letzteren nahm Victor J. Müller eine Sonderstellung ein. Er stammte aus Luzern und war der Sohn eines Apothekers. Acht Jahre jünger als Ita, studierte er zur selben Zeit wie sie Medizin und wohnte im selben Studentenhaus in der Züricher Gloriastraße.

Während ihrer gemeinsamen Zeit in München versuchte Ita, ihm die Theosophie nahezubringen – offensichtlich ohne Erfolg, was Ita ihm jedoch nicht übel nahm. Was ihr an ihm gefiel, war sein Humor. Sie tauschten originelle Briefe aus. So schrieb er an seine »adhaerierende Nebenniere«, nachdem sie einen geplanten Ausflug nach Bern abgesagt hatte, einen Brief auf dem Formular, das für Krankengeschichten benutzt wurde.

Er betitelte sein Schreiben mit »Krankengeschichte Nr. 10«, nannte seinen Namen und als Krankheit »Feifenjägerei mit ulcus pepticum«. Bei der Anamnese widmete er sich zuerst seinen Eltern: »Vater lebt und ist gesund, trinkt hin und wieder gern ein Gläschen, Mutter lebt und wird immer dicker.« Die Geschwister bezeichnet er als »geistig normal«. Den Patienten stellt er als jungen, nicht gerade blühend aussehenden Mann mit normalen Herz- und Nierengrenzen, wild fauchendem Atemgeräusch beim Ausatmen sowie flötendem beim Einatmen und diversen anderen medizinischen Unarten vor. Außerdem verspüre er seit einigen Jahren einen »großen Hang für St. Gallen, aus welchem Grunde er hin und wieder in geistige Verwirrtheit geraten ist«. So auch jetzt am frühen Morgen, nur mit einem Schlafgewand bekleidet am Fenster sitzend und überlegend, was er tun soll. Er sei gezwungen, seine Reisepläne zu ändern, weil seine »Leidens- und Freudensgefährtin« nicht reisefähig ist. Nachdem er die anstehenden Therapien seiner verschiedenen Krankheiten aufgezählt hat, diagnostiziert er bei sich einen beschleunigten Herzschlag – »geistig verblödeter negativer Galopprhythmus genannt«. Die Prognose ist allerdings »ad bonus vergens (es neigt sich zum Guten), so er nicht dem Sauerbruch ausgeliefert wird oder die geistige Verblödung nicht noch einen Schub bekommt, denn dann wirds genügen fürs Burghölzli: Abteilung: Unruhige«. Zum Schluss wendet er sich direkt an seine Freundin: »Grüß Di Gott, liebes Fräulein Doktor. Gell, das ist ein schönes Aufwachen!«

Die Freundschaft und der rege Austausch der beiden sollte noch über ihre gemeinsame Ausbildungszeit hinaus bestehen. Nachdem sich Victor Müller als Gynäkologe etabliert hatte, besuchten sie sich immer wieder und wiesen sich gegenseitig Patienten zu.

Nach zwei Jahren Studium in München zurück in Zürich, bereitete sich Ita auf ihre Doktorarbeit vor. Dazu gehörten die Fächer Kinderkrankheiten, Unfallmedizin und Gerichtsmedizin. Am 11. Juli 1911 schloss sie ihr Studium nach dem elften Semester erfolgreich mit dem Staatsexamen ab, dem »Eidgenössischen Diplom zur Ausübung der ärztlichen Praxis«. Auf die Approbation folgte 1912 die Promotion. Dafür führte sie unter der Leitung des angesehenen Kinderarztes Professor Emil Feer am Züricher Kinderspital Untersuchungen durch. »Heimkehrfälle« meinte die Ansteckung von Geschwistern und anderen Kindern durch erkrankte Kinder, die aus der Klinik entlassen worden waren.

Ita schildert ihre Vorgehensweise ausführlich: Sie besuchte die betreffenden Familien zu Hause, registrierte die hygienischen Verhältnisse des Krankenzimmers, der Wohnung und der Umgebung. Den Eltern stellte sie detaillierte Fragen, die nicht nur die erkrankten Kinder, sondern alle Familienmitglieder betrafen. »Ich habe mich nicht nur über den Gesundheitszustand der heimgekehrten Scharlachpatienten bei den Eltern erkundigt, sondern auch eine Anamnese sämtlicher Kinder in einer Familie aufgenommen, um auf diese Art Aufschluss zu bekommen über das

Säuglings- und das erste Kindesalter und in manchen Fällen auch über die Pubertät.«

Nicht immer waren die Antworten zufriedenstellend, was nicht an der fehlenden Bereitschaft der Befragten lag, sondern eher an mangelnder Beobachtungsgabe und Erinnerungsfähigkeit. Doch es gab auch Eltern, die die Erkrankungen ihrer Kinder genau dokumentiert hatten und andere Aspekte einbezogen als die, welche man normalerweise in den Krankenakten fand. Bei der Betrachtung des aktuellen Gesundheitszustands der genesenen Kinder entdeckte Ita Wegman eine häufig auftretende »exsudative Diathese«, die Disposition zu entzündlicher Hauterkrankung. Ein Fazit, das sie zog und das sich leitmotivisch durch ihre zukünftige ärztliche Tätigkeit fortsetzte, lautete: »Ich kam zu der Überzeugung, dass, wenn man sich nur die Mühe nimmt, eingehende Fragen zu stellen, weit bessere Anamnesen von Kinderpatienten zu erhalten sind, als diejenigen waren, die ich in den Krankengeschichten vorfand.«

Schon zu Beginn ihres Studiums hatte ihr Interesse der Diagnostik gegolten, und man attestierte ihr unter den Kommilitoninnen ein außergewöhnliches Talent. Sie verfügte über Intelligenz, Spürsinn und Empathie. In der Diagnostik konnte sie ihre Begabung optimal einsetzen. Woran es ihr mangelte, war die Fähigkeit, ihre Erkenntnisse detailliert rational zu begründen. Ihr Zugang zu den Dingen war eben ein intuitiver.

Die Inaugural-Dissertation zur Erlangung der Doktorwürde der Hohen Medizinischen Fakultät der Universität Zürich, vorgelegt von Maria Ita Wegman, praktische Ärztin aus Java (Holländisch-Indien), zum Thema »Zur Kenntnis der Heimkehrfälle bei Scharlach«, wurde auf

Antrag von Herrn Prof. Dr. E. Feer, Zürich, 1912 genehmigt. Nun stand ihrer Tätigkeit als Ärztin nichts mehr im Weg.

Während des Studiums blieb Itas Beziehung zu Rudolf Steiner bestehen. Ab und zu hielt er Vorträge in der Schweiz, zum Beispiel einen Zyklus in den großen Schweizer Städten: Bern, Zürich, Basel, St. Gallen. Themen waren die vier Evangelien: Johannes, Lukas, Matthäus, Markus.

Seine Rolle Mentor und Ratgeber nahm Rudolf Steiner sehr ernst. So ermahnte er sie zur Disziplin und missbilligte es, wenn sie ihr Studium zugunsten einer Reise vernachlässigte. So bei einem ihrer Besuche seiner Vorträge in Leipzig mitten im Semester. Anstatt sich zu freuen, wie sie es vermutlich erwartet hatte, reagierte er ungehalten, fragte, was sie hier suche, und forderte sie auf, unverzüglich nach Zürich zurückzufahren. Ob sie seine Anweisung befolgt hat, ist nicht bekannt.

Ein Pfingstbekenntnis

Als Ita im dritten Semester war, fand in München vom 18. bis 21. Mai 1907 der Jahreskongress der Föderation europäischer Sektionen der Theosophischen Gesellschaft unter der Leitung von Rudolf Steiner statt. Es war der erste theosophische Kongress in Deutschland. In die Geschichte ging er ein als Pfingstkongress der Theosophie. Seit 1904 fanden diese jährlichen Kongresse statt – jedes Mal in einer anderen Stadt: 1904 in Amsterdam, 1905 in London, 1906 in Paris und schließlich 1907 in München.

Dabei wurde dem Publikum etwas Neues geboten: Teil des Programms war eine künstlerische Darbietung. In seinen Erinnerungen unter dem Titel *Mein Werdegang* berichtet Rudolf Steiner, er habe dort Édouard Schurés Theaterstück »Das heilige Drama von Eleusis« erstmals in der deutschen Fassung auf die Bühne gebracht. Eine erste Übersetzung von Marie von Sivers lag vor. Steiner »richtete es sprachlich für eine Aufführung ein«. Dabei habe er einerseits an das »alte Mysterienwesen« angeknüpft und andererseits – was für ihn die Hauptsache war – den

Kongress um eine künstlerische Dimension erweitert, um »Künstlerisches, das auf den Willen hinwies, das spirituelle Leben fortan nicht ohne das Künstlerische in der Gesellschaft zu lassen«. Er lobt Marie von Sivers' »deklamatorische und rezitatorische Kunst«. Ihre Darstellungsweise – sie verkörperte die Rolle der Demeter – habe deutlich auf die Nuancen hingewiesen, »die das Dramatische in der Gesellschaft erlangen sollte«.

Künstlerisch gestaltet war auch der Saal, in dem der Kongress stattfand, wie der anthroposophische Lehrer E. A. Karl Stockmeyer in seinem Aufsatz »Von Vorläufern des Goetheanums« berichtet: »Es war ein lebendiger Hinweis auf die kommende, aber noch unbekannte Architektur, auf das Goetheanum.« Die Decke, die Wände, der lange Tisch auf der Bühne, an dem die Kongressleitung saß, seien mit rotem Stoff ausgekleidet gewesen und hätten dem Raum eine gewisse Feierlichkeit verliehen. »Sie nahm die Seelen der Anwesenden auf und sprach zu ihnen aus dem gleichen Geiste, aus dem die Worte der Geisteswissenschaft tönten. Auf Sockeln standen die Büsten der Philosophen Fichte, Schelling und Hegel. Zwei Säulen, eine rote und eine blaue, waren mit Sprüchen versehen. Darunter die Zeilen ›Wandelst zum Bilde du den Gedanken, erlebst du die schaffende Weisheit‹.«

Auf dem Münchner Pfingstkongress wurde eine wichtige Entscheidung im Richtungsstreit zwischen Annie Besant und Rudolf Steiner getroffen. Dieser Streit schwelte schon eine ganze Weile. Marie berichtet in ihren Erinnerungen von einem längeren Gespräch zwischen Annie Besant und Rudolf Steiner im Rahmen des Münchner Pfingstkongresses, bei dem sie dolmetschte. Steiner erklärte, er wolle seine eigene esoterische Arbeit, »unabhängig von der ihrigen, ganz auf den Boden der abendländisch-christlichen Mystik« stellen. Annie Besant habe sich seine Ausführungen schweigend angehört und zugegeben, dass sie nicht kompetent sei, was das Christentum betreffe. Deshalb habe sie »die Bewegung, insofern das Christentum einfließen soll«, an ihn abgetreten. Das bestätigt ein Brief, den sie in dieser Zeit an den deutschen Theosophen Wilhelm Hübbe-Schleiden schrieb. »Dr. Steiners okkulte Schulung« sei von der ihrigen sehr verschieden, heißt es darin. »Er kennt den östlichen Weg nicht, daher kann er ihn auch nicht lehren. Er lehrt den christlich-rosenkreuzerischen Weg, der für manche Menschen eine Hilfe, aber von unserem verschieden ist. Er hat seine eigene Schule und trägt auch selbst die Verantwortung dafür.« Sie ließ Steiner also Lehrfreiheit, machte aber keine Anstalten, sich selbst näher mit seinen Auffassungen zu beschäftigen.

Am 28. Mai 1907 hielt Steiner seine erste esoterische Stunde nach der Loslösung von Annie Besant. Diese war bereits abgereist. Steiner versicherte, es bestehe »keine Disharmonie zwischen den Meistern des Ostens und des Westens«. Vielmehr lebten sie in Harmonie. Dennoch sei eine »tiefeinschneidende Änderung« notwendig geworden. Die westliche Schule habe sich selbstständig gemacht, sodass nun zwei »einander gleichgestellte Schulen« existierten: die eine, die von Annie Besant geleitet wurde, im Osten, die andere, die er leitete, im Westen. Er fordert sein Publikum auf, sich zu entscheiden. »Ein jeder prüfe genau, welchen Weg ihn die Herzenssehnsucht führt.« An anderer Stelle gibt er sich kämpferisch. Für ihn besteht kein Zweifel: »Wollten wir die Weisheit des Ostens hier einführen, die orientalische Schulung hier im Westen befolgen, so bedeutete das für den Westen den

Untergang.« Die Meister, auf deren Zukunftsweisheit er sich beruft und deren Lehre er weitergeben will, sind Jesus und Christian Rosenkreutz. »Die westliche Schule ist von jetzt ab der des Orients nicht mehr subordiniert, sondern koordiniert. Das, was im Auftrage der Meister des Westens durch mich gegeben wird, geht unabhängig einher neben dem, was Mrs. Besant im Auftrag der Meister des Ostens lehrt.«

Inwieweit Ita Wegman detaillierte Einblicke in diese Auseinandersetzungen hatte, ist nicht bekannt. Intuitiv spürte sie jedoch, dass es Konflikte gab. Auf einem ihrer Notizblätter heißt es: »Münchner Kongress. Alles schön, aber etwas befriedigt mich nicht. Streit zwischen Annie Besant und Rudolf Steiner. Dazwischen stand ich.«

In ihrem Vortragsmanuskript vom 27. Februar 1933 aus London erinnert sich Ita an das damalige Geschehen: Sie habe den Münchner Kongress als »ungeheuer bedeutungsvoll« empfunden. Unter den wichtigen theosophischen Mitgliedern, die »von überall her« gekommen seien, sei auch Annie Besant gewesen. Von Anfang an seien Spannungen zwischen ihr und Rudolf Steiner spürbar gewesen. Itas Erklärung: »Man beschäftigte sich eingehend damit, woher hat Rudolf Steiner sein großes Wissen über die übersinnliche Welt; ein Wissen, an das sie nicht herankommen konnten.« Steiners Erklärungsversuche wurden als ketzerisch, stolz und eigenmächtig abgelehnt. Sie habe das eigenartige Erlebnis gehabt, durch ihre holländischen Freunde zuerst mit Annie Besant zusammenzukommen. Doch schon kurze Zeit später habe Rudolf Steiner sie rufen lassen. »Ich wusste, ein entscheidender Moment meines Lebens wird stattfinden, ich musste mich entscheiden, entweder voll und ganz den Weg Rudolf Steiners zu nehmen und ihm zu folgen oder bei den holländischen Freunden zu bleiben.«

Rudolf Steiner habe sie mit fragendem Blick empfangen. Er sei sehr ernst gewesen. »Es wurde nicht viel gesprochen zwischen uns, wir verstanden uns sehr gut.« Weil sie gefühlt habe, »dass er von den Dingen wusste«, habe sie einfach gesagt: »Ich bleibe bei Ihnen.« Daraufhin sei sein Blick strahlend geworden, er habe ihre Hand genommen und ihr, während er ihr das Michael-Zeichen gegeben habe, wichtige Dinge gesagt, die sie nicht wiederholen dürfe. Rudolf Steiner verstand den Erzengel Michael als Verwalter der kosmischen Intelligenz und berief sich auf ihn und seine Kraft. Er verkörperte die Lebensbejahung. Das Michael-Zeitalter hatte im November 1879 begonnen und das Gabriel-Zeitalter abgelöst. »Während jenes Gabriel-Wesen mehr ein Wesen ist, das auf die passiven Eigenschaften der Menschen orientiert ist, ist Michael das aktive Wesen, dasjenige Wesen, das gewissermaßen unseren Atem, unsere Adern, unsere Nerven durchpulst, auf dass wir unser Menschheitliches im kosmischen Zusammenhang erarbeiten, aktiv erwerben«, erklärte Steiner. Michael fordere dazu auf, »bis in unsere Gedanken hinein aktiv« zu werden. »Dadurch erst gehören wir dem Michael-Zeitalter an, dass wir uns nicht untätig hinsetzen und über uns kommen lassen wollen die äußeren und inneren Erleuchtungen, sondern dass wir aktiv mitarbeiten an dem, was sich uns an Beobachtungen, an Erlebnissen aus der Welt darbietet.« Eine Aufforderung, die einer Frau wie Ita, die »im Tun lebte«, entsprach. Nicht nur für Steiner, sondern vor allem für Ita selbst war ihr Bekenntnis zu ihm von existenzieller Bedeutung. Die eigentliche Tragweite des Satzes »Ich bleibe bei Ihnen« wurde ihr allerdings erst viele Jahre später bewusst.

Ärztin mit dem »Mut des Heilens«

Der Detektivarbeit J. E. Zeylmans van Emmichovens ist es zu verdanken, dass die meisten Stationen der Ärztin Ita Wegman bekannt sind. Nach erfolgreicher Promotion war sie zunächst Assistenzärztin an verschiedenen Schweizer Kliniken und Sanatorien: in Winterthur, Liestal und St. Fiden. Von Oktober 1912 bis circa August 1914 war sie am Spital Theodosianum in Zürich tätig, ab 1915 absolvierte sie ihre fachärztliche Ausbildung als Gynäkologin an der Frauenklinik in Zürich, wo auch Victor Müller arbeitete. Wenn es ihr möglich war, nahm sie an Rudolf Steiners esoterischen Stunden teil, wie aus Briefen und Notizen hervorgeht, so zum Beispiel im Mai 1913 in Köln. Thema waren die okkulten Hintergründe der zwölf menschlichen Sinne und ihr Zusammenhang mit dem Tierkreis.

Ein halbes Jahr später, noch bevor sie 38 Jahre alt wurde, wandte sie sich an einen holländischen Astrologen, den Theosophen Johan Hardeman aus Arnheim, und bat ihn um astrologischen Rat. Da ihre Briefe nicht erhalten sind, kann nur aus seinen Antworten auf ihr Anliegen geschlossen werden. Offensichtlich stand für sie im nächsten Jahr eine »berufliche Lebensentscheidung von großem Gewicht« bevor.

Johan Hardeman kannte Ita Wegman nicht persönlich, wohl aber ihren Schwager, den Ehemann ihrer Schwester Charlien, über den er Informationen über sie erhalten haben dürfte. Da ihr Geburtsdatum und ihre Geburtsstunde nicht genau feststanden, konnte ihr Horoskop nicht exakt berechnet werden. Entweder Widder oder Stier stieg zu ihrer Geburtsstunde über dem Horizont auf. Eindeutig war die Rolle, die der Mars einnahm: Er stand im Zeichen Widder, was in ihrem Leben für eine »gewaltige Energie« sprach. Darüber hinaus bedeutete die Stellung der Venus im Widder, dass sie »die Zügel selbst in der Hand halten wolle«. Unwillkürlich fühlt man sich an Charliens Bericht aus der gemeinsamen Kindheit erinnert, als die Geschwister mit einer Droschke zur Schule fuhren und Ita gern den Platz des Kutschers übernahm. Auch den Nachsatz Hardemans, »solche Leute wollen führen«, würde Charlien bestätigt haben, wenn sie an die Spiele dachte, die Ita sich für die anderen ausdachte, ohne selbst mitzuspielen.

Aus dem ausführlichen Antwortbrief des Astrologen geht hervor, dass Ita ihm gestanden hatte, einige Male auf eine Ehe verzichtet zu haben. Hardeman stellt eine »Diskrepanz zwischen ihrem Bedürfnis, im Rampenlicht zu stehen, und ihrer Tendenz zu stiller Absonderung im Krankenzimmer« fest. Seine Warnung gilt Ersterem. Sie werde mit Widerstand und Eifersucht – besonders von Frauen – zu tun haben. Er ermutigt sie, ihre Begabung des »Seelenfühlens und seelischen Denkens« zu verfeinern.

Anhand der Position des Mondes in ihrem Horoskop warnt er sie davor, ihren Ehrgeiz zu stark auszuleben, und weist darauf hin, dass »bei einem weniger entwickelten

Menschen als Ihnen« damit Gefahren verbunden seien. Er empfiehlt ihr das Buch der britischen Theosophin Mabel Collins *Light on the Path – Licht auf dem Pfad,* das zwischen 1887 und 1888 als Fortsetzungsserie in der theosophischen Zeitschrift *Luzifer* abgedruckt worden war und 1888 in Buchform erschien. Es beginnt mit den Worten: »Diese Lehren wurden für jeden geschrieben, der die Wahrheit sucht. Beachte sie!«

Die erste Regel, die die Autorin aufstellt, lautet: »Töte den Ehrgeiz.«

Aus den Empfehlungen, die der Astrologe erteilt, spricht sein eigenes Frauenideal. Durchsetzungsvermögen, Machtbewusstsein und Ehrgeiz zählen nicht dazu. Sie gilt es abzulegen zugunsten einer als weiblich betrachteten Hingabefähigkeit. Auf die Frage, die er sich selbst stellt: »Was soll ich raten?«, antwortet er: »Engel stürzten einst durch Machtbegierde – Menschen können durch Erkenntnisbegierde stürzen ... aber Hingabe kann man nie genug schenken.« Sie sei der Weisheit unbedingt vorzuziehen.

Des Weiteren prophezeit er ihr, sie werde in ihrer zweiten Lebenshälfte wahrscheinlich einen älteren Mann heiraten. In diesem Zusammenhang fragt er sie, ob sie eine Freundschaft oder gar Leidenschaft unterdrückt habe. Doch dieses Thema wird nicht weiter ausgeführt. Im Vordergrund steht ihre Frage nach der Lebensentscheidung, die ihr bevorsteht. Der Astrologe weicht aus, indem er sie darin bestärkt, die Hingabe für ihre Patienten als ihre Lebensaufgabe zu betrachten, in aller Stille zu arbeiten und abzuwarten, wie sich ihre berufliche Situation entwickelt, um in den Jahren 1918 bis 1922 den passenden Augenblick zu nutzen, um sich selbstständig zu machen und ein »Institut von Belang« zu gründen.

Ob sie seinen grundsätzlichen Rat befolgt hat, ihre »Zuneigung zur Astrologie« besser zu verschweigen, ist nicht bekannt. Er äußerte die Befürchtung, es könne ihr schaden. Ernst genommen hat sie seine Deutungen und Empfehlungen auf jeden Fall. Sie fanden sich in einer Mappe mit der Aufschrift »Noch zu erledigen« aus dem Jahr 1941, also 27 Jahre nach ihrer Korrespondenz, während sie viele andere Schriften vernichtet hatte.

Über die Lebensentscheidung von großem Belang, vor der sie damals stand, lässt sich nur spekulieren. Im Winter 1913/1914 begann Rudolf Steiner bereits mit dem Bau des Goetheanums in Dornach. Von Anfang an plante er, zusätzlich ein Krankenhaus auf dem Gelände zu errichten: ein Therapeutikum neben dem Goetheanum.

Möglicherweise versuchte er, Ita Wegman für die Leitung zu gewinnen. Doch darüber existieren keine Aufzeichnungen. Ita Wegman hat Rudolf Steiner in den Jahren 1907 bis 1914 in ihren Notizen nicht erwähnt. Nachdem sie sich auf dem Pfingstkongress durch ihr Bekenntnis »Ich bleibe bei Ihnen« mit ihm solidarisiert hatte, scheint eine Zeit der Distanz eingetreten zu sein.

Ein Augenzeuge, der russische Schriftsteller Andrej Belyj, ein Schüler Rudolf Steiners, berichtete, Ita Wegman ständig in Dornach gesehen zu haben. »Über ein Jahr« habe sie ihm bei Steiners Vorträgen in der Schreinerei gegenübergesessen, »am Fenster, meistens in weißer Bluse und schwarzem Rock«. Sie sei immer allein gewesen, habe die anderen »mit wohlwollender Neugierde« beobachtet, »ohne jemand Einblick in das eigene ›stille Kämmerlein‹ zu gewähren«.

Am 1. Juni 1915 ging sie als Assistenzärztin an die Frauenklinik Zürich und eröffnete nach erfolgreich absolvierter

Fachärztinnenausbildung am 1. Juli 1917 in der Gemeindestraße in Zürich-Hottingen ihre erste eigene Praxis. Die Räumlichkeiten waren groß genug, um Massagebehandlungen und medizinische Bäder anwenden zu können. Bereits zwei Wochen nach Praxiseröffnung wandte sie sich in einem Brief an Marie Steiner (wie Marie von Sivers seit ihrer Heirat im Jahr 1914 hieß), berichtete von ihrer Praxisgründung und nannte ohne Umschweife ihr Anliegen: »Da ich gerne in den anthroposophischen Kreisen als Ärztin bekannt sein möchte, so möchte ich Sie bitten, mich gelegentlich bei kranken Mitgliedern zu empfehlen.« Ihre Praxis sei »hübsch und behaglich« eingerichtet, sie könne sogar drei bis vier Patienten stationär darin aufnehmen. Natürlich werde sie bestrebt sein, »nach Dr. Steiners Lehren der Medizin zu dienen«. In diesem Zusammenhang erwähnt sie dessen Forschung zur Heilkraft der Mistelpflanze in der Krebstherapie. Mit der Erklärung, die zugleich eine versteckte Aufforderung war, »Ich schicke Ihnen hiermit Karten, die dazu dienen könnten, mich bekannt zu machen«, endet der Brief. Mit Rudolf Steiner korrespondierte sie über ihre Therapieformen sowie über Krankheits- und Todesfälle und bat ihn verschiedentlich um Rat.

Die Jahre zwischen 1905 und 1920 waren nicht nur ereignisreich, was Itas individuelles Schicksal, ihre berufliche Entwicklung betraf, sondern auch in Hinsicht auf das Weltgeschehen. Obwohl die Schweiz während des Ersten Weltkriegs neutral blieb, hatte der Krieg einen großen Einfluss auf das politische, soziale und wirtschaftliche Leben des Landes. Er kostete weltweit 17 Millionen Menschen das Leben. Die Spanische Grippe, die kurz vor Kriegsende plötzlich auftrat und bis 1920 weltweit wütete, forderte jedoch noch mehr Opfer.

1918 erkrankte auch Ita schwer. Zur Grippe gesellte sich eine Lungenentzündung. Hohes Fieber zwang sie zu Bettruhe. Während dieser Zeit erreichte sie ein Brief Marie Steiners, in dem diese erklärte, sie habe vor, in Arlesheim ein Erholungsheim zu errichten, und nun das dafür geeignete Haus gefunden. Jetzt frage sie Ita, ob sie die Leitung übernehmen wolle. Ita reagierte sofort: Sie lehnte das Angebot kategorisch ab und schlug einen Kollegen für diese Aufgabe vor. War es die momentane Schwäche, die sie dazu veranlasste, oder war die spontane Reaktion ihrer Impulsivität geschuldet? Jedenfalls zeigte sich Marie davon brüskiert. Erst später realisierte Ita, welchen Affront ihre Absage bedeutet hatte – nicht nur für Marie, sondern auch für Rudolf Steiner, der mit Sicherheit in Maries Pläne eingeweiht war.

Itas Ablehnung bedeutete jedoch nicht das Ende des Vorhabens, in Arlesheim ein Erholungsheim zu errichten. Es scheint, als hätte sie sich erst danach genauer mit der Idee auseinandergesetzt. In einem ausführlichen Brief vom 11. Oktober 1918 an den Präsidenten des Dornacher Goetheanum-Vereins Emil Grosheintz konkretisiert Ita ihre Gedanken. Sie sei überzeugt davon, »dass ein Erholungsheim in Arlesheim eine Notwendigkeit ist«, dennoch sei es ihr nicht möglich, »die ärztliche Leitung plus wirtschaftliche und finanzielle Leitung« auf sich zu nehmen, »allein, ohne Hilfe von anderen«. Es sei ihr bewusst, dass sie das, was sie sich bisher erarbeitet habe, nicht aufgeben dürfe. »Es ist die Brücke, die geschlagen ist zwischen anthroposophischer und äußerer Medizin.« Sie zu erhalten und zu erweitern koste Zeit, Kraft und Konzentration. Gerade von ihrer schweren Grippeerkrankung genesen, war ihr deutlich bewusst, wie wichtig es war, mit den eigenen

Energien zu haushalten. Doch sei das Erholungsheim in Arlesheim zweifellos eine »Notwendigkeit«. In der Folge macht sie Vorschläge für die Organisation der Unternehmung einschließlich der finanziellen Realisierung. Zum Schluss bekräftigt sie noch einmal, dass es für sie unmöglich sei, »die große Sache allein zu tragen«, auch weil sie »in Zürich schon etwas angefangen habe, was momentan nicht ohne weiteres aufgegeben werden kann«.

In Zürich schien es allerdings Schwierigkeiten mit den Vermietern zu geben, nachdem das Haus, in dem sich Itas Praxis befand, von einem psychologischen Club, in dem sich C. G. Jung und seine Anhänger versammelten, gekauft worden war. Zwar wehrte sich die streitbare Ita gegen die Kündigung, klagte auf Mieterschutz, sodass sie ihren Auszug hinausschieben konnte, aber im April 1919 blieb ihr nichts anderes übrig, als den Ort.

Das Jahr 1919 sollte für Ita Wegman ein in vielfacher Hinsicht bedeutendes werden, wie ihr von Johan Hardeman prophezeit worden war – hatte er ihr doch empfohlen, in den Jahren 1918 bis 1922 wachsam zu sein für den passenden Augenblick, um sich selbstständig zu machen und ein »Institut von Belang« zu gründen. Ihr Interesse galt mittlerweile verstärkt der Misteltherapie. Dafür kontaktierte sie den Chemiker Oskar Schmiedel. Dieser hatte an der Universität München Chemie studiert, war in die Theosophische Gesellschaft eingetreten und wurde 1907 zur Zeit des Pfingstkongresses Rudolf Steiners persönlicher Schüler. Seit 1913 betrieb er ein eigenes Laboratorium, in dem er vor allem kosmetische Produkte herstellte. Steiner bat ihn, sein Labor nach Dornach zu verlegen, und Schmiedel folgte ihm. Damit begann die Produktion der ersten anthroposophischen Arzneimittel.

In dieser Zeit florierte ein intensiver Austausch über Therapieformen zwischen Ita Wegman und Rudolf Steiner. Oft wurde sie von ihm in Dornach zu Konsultationen hinzugebeten, sodass sie schon in Erwägung zog, nach Basel zu ziehen. So schrieb sie Steiner am 7. Januar 1919: »Es ist mir nicht Recht, nicht in Dornach sein zu können, wo ich doch so viele Patienten habe, so dass in der letzten Zeit sehr oft bei mir die Frage aufkommt, ob es nicht besser ist, meinen Wohnsitz nach Basel zu verlegen, um in der Nähe von Arlesheim und Dornach zu sein.« Anscheinend machte sie den Umzug von seiner Meinung dazu abhängig: »Ich bin bereit, das zu tun, was im Sinne der Anthroposophie liegt und was Sie für gut erachten.« Steiners Reaktion ist nicht bekannt, es ist zu vermuten, dass er nicht einverstanden war.

Er selbst ging in dieser Zeit einer intensiven Vortragstätigkeit nach und war oft in Zürich. Daher wandte sich Marie Steiner an Ita mit der Bitte, ihnen bei der Suche nach einer kleinen möblierten Dreizimmerwohnung in Zürich zu helfen. Bisher hatte er in der Schweiz ausschließlich in Hotels gewohnt, aber eine eigene Wohnung versprach mehr Ruhe. Ita Wegman antwortete prompt, sie habe sich sofort auf die Suche gemacht und schon Übergangslösungen gefunden: das Apartment einer Bekannten und ihr eigenes: »Auch ich stelle Ihnen zwei Zimmer zur Verfügung, damit mit Suchen keine Zeit verloren geht, da, wie Sie wissen, hier in Zürich Wohnungsnot herrscht.« Dann kommt sie auf das rege Interesse an Steiners Vorträgen zu sprechen. Es sei wünschenswert, diese regelmäßig in Zürich stattfinden zu lassen.

Am 11. April, unmittelbar nachdem sie ihre Praxis in Zürich-Hottingen aufgelöst hatte, gründete sie zusammen mit der Züricher Gynäkologin Anna Baltischwiler eine »Genossenschaft Privatklinik und Sanatorium« in der Holderstraße 9. Das Haus – eine geräumige Doppelvilla mit 22 Krankenbetten – war von 1915 bis 1918 von dem berühmten Chirurgen Ferdinand Sauerbruch als Privatklinik betrieben worden. Daneben war er weiterhin an der Universitätsklinik Zürich tätig gewesen. Zum Ende des Ersten Weltkriegs entschloss er sich, nach München umzusiedeln, und beauftragte seine Ehefrau mit dem Verkauf der kostbar ausgestatteten Villa.

Am 8. April 1919 hieß es im Abendblatt der *Neuen Zürcher Zeitung:* »Frau Dr. med. Ita Wegman hat Praxis und Privatklinik verlegt nach Holderstraße 9. Tram 8 und 11 (ehemalige Klinik Prof. Sauerbruch). Eröffnung Montag 14. April. Sprechstunden 10–11 1–3. Tel. H. 311.«

Angekommen

Genau wie Ita Wegman war auch Marie von Sivers von frühauf bestrebt, ihren eigenen Weg zu gehen und einen Platz für sich zu finden oder zu erfinden, der es ihr ermöglichte, ihre Ideale zu verwirklichen und dabei ihre Fähigkeiten effektiv einzubringen. Ihr war bewusst, dass das einen hohen Einsatz erfordern würde und dass eine Frau es alles andere als leicht haben würde. Doch das schreckte sie nicht etwa ab, sondern war eine zusätzliche Motivation.

Gleich nach der Gründung der Deutschen Sektion der Theosophischen Gesellschaft im Jahr 1902 übernahm Marie die Organisation für die Vortragstätigkeit Rudolf Steiners. Allein die Planung der Reisen kostete viel Zeit und Energie. Durch extremen Einsatz und Selbstausbeutung machte sie Unmögliches möglich. Es gehört zu den Besonderheiten ihres Charakters, dass sie das Schwelgende und Tiefgründige der theosophischen Lehre mit ihrer Disziplin und ihrem Pflichtbewusstsein vereinbaren konnte.

In der ersten Zeit reiste Steiner allein. Doch bald wurde er des Öfteren von Marie begleitet. Mit der Erweiterung des Vortragsraums auf Europa vergrößerte sich auch Maries Tätigkeitsbereich. Nun war sie vor allem Steiners Dolmetscherin – nicht nur auf der Bühne, sondern auch bei Gesprächen, die italienische, französische und englische Mitglieder in kleiner Runde mit ihm führen wollten. Nach Maries Aussage konnte Steiner zwar relativ gut Fremdsprachen lesen, aber nicht sprechen, und er gab sich anscheinend auch keine Mühe.

Von 1904 bis zum Kriegsbeginn 1914 waren sie fast ununterbrochen unterwegs. Die Stationen, von denen Marie von Sivers Édouard Schuré berichtet, waren London, Süddeutschland, die Schweiz und Holland. Über den Amsterdamer Kongress schreibt sie im August 1904, Annie Besant sei die Einzige, »deren Erscheinung wie eingehüllt ist von einer einigenden Kraft«. Zwar verfüge Rudolf Steiner über die gleiche Kraft, »aber man gibt ihm noch nicht die Gelegenheit, sie in diesen Umständen zur Geltung zu bringen«. Annie Besant habe seine Qualität jedoch erkannt. Steiners Vortrag über Mathematik und Okkultismus sei die einzige Veranstaltung auf dem Kongress gewesen, die sie »mit ihrem Besuch beehrt« habe. Sie selbst, so Marie, habe nicht teilnehmen können, weil sie als »Chairman« in einer Parallelveranstaltung fungieren musste. Man spürt in ihrem Schreiben an Schuré, wie gut ihr die verantwortungsvolle Rolle tut, wie viel Bestätigung sie dabei erfährt. »In jedem Falle war der Kongress in Holland Ausdruck einer elementaren Kraft«, bilanziert sie. Doch die Freude darüber blieb nicht ungetrübt, die genau Beobachtende erkannte sofort, dass sich unter der Oberfläche »trennende Wirbel« bildeten. Sie schaute genau hin, wollte darauf vorbereitet sein, diese, wenn es kritisch wurde, »in die richtigen Bahnen zu lenken«.

Vom 15. bis 24. September 1904 begleiteten Marie und Rudolf Steiner Annie Besant auf einer Vortragsreise durch

Deutschland, die sie für sie organisiert hatten. Erstmals wurden bei Marie kritische Töne angesichts ihrer Übersetzerinnen- und Dolmetscherinnentätigkeit laut. »Es war sehr lehrreich, aber auch ermüdend, weil man sich die ganze Zeit anderen Menschen widmen musste.« Als Dolmetscherin habe sie vor allem »die Seelenzustände der verschiedenartigsten Persönlichkeiten« erlebt, »die oft mit elementarer Kraft gewissermaßen über die Ufer traten«. Sie selbst kam darin nicht vor, sondern drohte in fremden Personen aufzugehen. Sie spürte, dass sie sich nicht überrennen lassen durfte, sondern sich um sich selbst und ihre eigenen Belange kümmern musste. Niemand sonst würde es tun.

Das positive Fazit ihrer Reisen mit Rudolf Steiner lautete dennoch: »Ich glaube nicht, dass man in kürzerer Zeit einen so großen Reichtum an Erfahrungen verschiedenster Art machen kann.« Doch als sie in ihrem Brief an Édouard Schuré ins Detail geht, klingt nicht nur Euphorie, sondern auch eine Mischung aus Enttäuschung und Verachtung aus ihrer Beschreibung: »Nie hätte ich geglaubt, dass Menschen so kompliziert, so armselig und so unwissend in Bezug auf sich selbst sein könnten; so sehr das Opfer ihrer eigenen Gefühle und das Spielzeug ihrer Illusionen.« Es komme ihr so vor, als würden »alle Schleier von den menschlichen Seelen fallen«. Was sie am meisten überraschte, war die Kombination konträrer Eigenschaften, zum Beispiel dass eine »ziemlich starke Dosis Intelligenz« zusammengehen konnte mit einem »völligen Mangel an wirklichem Verständnis«. Einen Grund dafür sah sie in der Eigenliebe. Sie verhindere Erkenntnis, Empathie und Verständnis.

Die Tournee war insofern ein Erfolg, als vier neue Logen

gegründet wurden: Köln, Nürnberg, München und Dresden. Doch nicht nur die Anzahl der Mitglieder wuchs, sondern auch die Arbeitsbelastung und der Stress – vor allen Dingen für Marie. »Mir ist es schwer, meinen Gleichmut zu bewahren, der mir in diesen Turbulenzen die Ruhepausen ersetzen muss«, vertraut sie Schuré an. »Ich verkürze so weit wie möglich die Zeit für den Schlaf, befinde mich aber doch in einem Zustande dauernder Hast. Das ist der Preis, den ich für die ungeheuren Wohltaten bezahlen muss, mit denen ich überhäuft werde.«

Am Sinn ihrer Tätigkeit zweifelte sie keinen Moment, doch die damit verbundene Öffentlichkeitsarbeit machte ihr zu schaffen – Klinken putzen, antichambrieren, diese Dinge lagen ihr nicht. Letztlich war schon ihre eigene Theaterlaufbahn daran gescheitert, dass sie Vermarktungsaktivitäten verabscheut hatte. Gleichzeitig bewunderte sie Steiners »Aktivitätsfieber«, das ihr beim bloßen Zuschauen »den Atem verschlägt«. Sie fragte sich, wie er es schaffe, dass sein Geist stets »ruhig und voller Selbstbeherrschung« bleibe. Mochten die Wogen um ihn herum noch so hoch schlagen, er ließ sich nicht aus der Ruhe bringen.

Maries Arbeitsbelastung beschränkte sich nicht auf die Phasen des Unterwegsseins, sondern auch auf ihre Tätigkeit in Berlin. Dort sei sie sogar doppelt belastet und fühle sich überbeansprucht, schreibt sie: »Ich mache den Impresario, damit das Programm ablaufen kann mit dem komplizierten Apparat von Daten, Stunden, Zügen, Ortschaften, Saalmieten, und den ganzen Einzelwünschen; und dann habe ich ihn in gewisser Weise hier zu ersetzen, wo die Zusammenkünfte auch weitergehen müssen.«

Dabei ist das Organisieren, die Tätigkeit, für die sie besondere Anerkennung erhält, eine Sache, die ihrem »Geschmack am allermeisten zuwider ist und eigentlich eine Sisyphus-Arbeit darstellt«. Trost finde sie »dank der Weisheit und der übermenschlichen Kraft von Herrn Steiner«, versichert sie Schuré. Dass eine solch starke Persönlichkeit wie Steiner nicht nur Bewunderung hervorrief, war ihr bewusst. »Berge von Hass werden sich erheben – ja, sie erheben sich bereits.«

Maries Ahnungen sollten sich bestätigen. Doch bevor die Unstimmigkeiten innerhalb der theosophischen Bewegung immer virulenter wurden, waren es vor allem Unstimmigkeiten im privaten Bereich, mit denen sich Marie und Steiner auseinanderzusetzen hatten. Zu der Zeit, als sich ihre Zusammenarbeit intensivierte und gemeinsame Reisen an der Tagesordnung waren, war Rudolf Steiner verheiratet. Zwar hatten Anna Eunike, ihre fünf Kinder und Rudolf Steiner schon seit 1890 zusammengelebt, doch die Beziehung war stets im Hintergrund geblieben und konnte daher ignoriert werden. Zunächst war Rudolf Steiner in Weimar Anna Eunikes Untermieter gewesen, geheiratet hatten sie 1899 in Berlin. Anfang 1903 zogen sie nach Berlin-Schlachtensee in ein Haus, das in der Nähe von Marie von Sivers' Wohnung lag.

Im Herbst desselben Jahres mietete Steiner ein Haus im Zentrum Berlins, in der Motzstraße 17. Es sollte für die nächsten beiden Jahrzehnte der Mittelpunkt der anthroposophischen Bewegung sein. Anna Eunike zog mit ein, verließ die Motzstraße aber wenige Monate später. Es war ihr unmöglich, die enge Verbindung zwischen ihrem Ehemann und Marie zu ertragen. Steiners Erklärung, es handle sich um eine gemeinsame Lebensaufgabe, die ihm und Marie auferlegt sei, nicht um eine Liaison, akzeptierte sie nicht. Auch seine gut gemeinten Worte in einem Brief aus London vom 7. Juli 1903 konnten sie nicht davon überzeugen, dass seine Zuwendung zu Marie nur der gemeinsamen Arbeit geschuldet war. »Ich weiß, dass Du allerlei siehst, was gar nicht vorhanden ist«, beschwor Steiner sie. Doch Anna Eunike ließ sich nicht beirren: Die enge Mitarbeiterin ihres Ehemannes war 14 Jahre jünger als sie, stammte aus adeligem Haus und war hochgebildet. Wie sollte sie, die nichts anderes als die Arbeit innerhalb der Familie kannte – nach dem frühen Tod ihres ersten Ehemannes hatte sie ihre Kinder weitgehend allein aufgezogen –, mit dieser faszinierenden Persönlichkeit mithalten können? Nachdem Steiner aus London zurück war, erschien er ihr verändert. Das muss sie besonders betrübt haben und wog schwerer als seine Beteuerung »Du wirst einsehen, dass ich Dich lieb, sehr lieb habe, wie früher«. Seine tröstenden Worte kamen zu spät. Anna Eunike ließ sich nicht beschwichtigen, sondern zog die Konsequenzen und verließ Steiner.

Für Marie bedeutete Anna Eunikes Rückzug eine weitere Pflicht, die ihr auferlegt wurde: Zur Organisation der Vortragsreisen gesellte sich nun auch noch die des Haushalts. Über ihr Verhältnis zu Anna Eunike haben sich keine Aussagen ihrerseits erhalten. In Maries intensiven Korrespondenzen mit Maria von Strauch und Édouard Schuré kommt sie nicht vor, wohl aber Klagen über die ungeheure Belastung, die ihre eigene Rolle mit sich bringt, sodass sie sich regelrecht versklavt fühle. »Herr Steiner beklagt oft, dass ich mich so für alle diese Leute in Stücke reißen und dabei mein eigenes geistiges Leben ganz vernachlässigen muss«, berichtet sie Schuré im Februar 1906. Momentan lasse sich das jedoch nicht ändern. Vielmehr müsse sie alles zurückstellen, was sie »abhalten könnte von den tausend Pflichten«. Sie müsse versuchen, »für die anderen eine Brücke zu sein«.

Um nicht in der Tätigkeit des Organisierens und Realisierens stecken zu bleiben, suchte sie verstärkt das inhaltliche philosophische Gespräch mit Steiner. Darin ordnete sie sich unter, erkannte ihn als ihren permanenten Lehrer an, während sie in Fragen der Planung und Administration die Oberhoheit behielt.

Rudolf Steiner bezeichnete Marie als seine »erste esoterische Schülerin«, deren Fortschritte er registrierte und lobte. Ihm war bewusst, wie hoch ihr Arbeitseinsatz für ihr gemeinsames Projekt – die Theosophische Gesellschaft – und wie groß ihre Selbstlosigkeit war. »Was hat aber auch dieser gute Kopf in der letzten Zeit alles leisten müssen!«, gab er ihr zu bedenken. »Aber er darf den Mut nicht verlieren. Er muss sich wieder finden. Er ist ja doch so voll der richtigen Empfindungen.« Momentan sei er ja »nur durch die äußeren Verhältnisse beunruhigt, während er innerlich zur Ruhe und Gelassenheit geradezu prädestiniert ist«.

Aus der ersten esoterischen Schülerin wurde bald die erste esoterische Mitarbeiterin. Nach der Gründung der erkenntniskultischen Abteilung seiner Esoterischen Schule, die von 1904 bis 1914 bestehen sollte, gab Steiner bekannt: »An der Spitze, als Haupt der Schule und als Vermittler der geistigen Wirklichkeiten stand Rudolf Steiner; ihm zur Seite als Genosse und Mitarbeiter Marie von Sivers.«

Die Esoterische Schule bestand aus drei Abteilungen. Gegenstand der ersten Abteilung war die individuelle innere Entwicklung des Menschen, die beiden anderen bildeten zusammen die erkenntniskultische Abteilung. Dort lag der Schwerpunkt auf rituellen Handlungen.

Nach wie vor waren für Marie die Korrespondenzen mit Maria von Strauch und Édouard Schuré von existenzieller Bedeutung. Mit beiden konnte sie sich über die philosophischen, ästhetischen, künstlerischen Fragen austauschen, die ihr am Herzen lagen. Bei beiden fand sie Zuspruch und Ermutigung. Da lag es nahe, auch Rudolf Steiner in ihren Austausch einzubeziehen.

Für ihn sei es selbstverständlich gewesen, sich ihr und ihrem Freundeskreis anzuschließen, berichtet Marie. Und damit nicht genug: Auch ihre Mutter und ihre Schwester Olga wurden in den inneren Kreis aufgenommen. Die Beziehung zur Mutter, mit der sie ein Leben lang so viele Kämpfe ausgefochten hatte – bis zur körperlichen und geistigen Erschöpfung –, war zwar von Distanz bestimmt, aber nicht abgerissen. Vielleicht bot ja die Theosophie die Chance einer Annäherung. Maria von Strauch hatte sich schon eine Weile bemüht, in Petersburg einen theosophischen Kreis zu gründen. Dazu hatte sie auch Maries Mutter und Schwester eingeladen und somit eine Verbindung geschaffen.

Maria von Strauch selbst war »entzückt« von Rudolf Steiners gerade erschienenem Aufsatz über »Das Christentum als mystische Tatsache«. Aus ihren Briefen sprachen Begeisterung und ein wenig Neid. »Ja, Du kannst glücklich sein, mit einem solchen Geist zu arbeiten, und in gewissem Sinne ist er auch der Mann für mich, nur die persönliche Berührung scheue ich, weil meine Vorkenntnisse dazu zu gering sind«, hatte sie Marie bereits im Januar 1903 gestanden. Im Sommer desselben Jahres sollte sie ihn endlich persönlich kennenlernen. Marie hatte sie eingeladen, nach Schlachtensee zu kommen und einige Zeit mit ihr und Steiner zu verbringen. Maria von Strauch nahm die

Einladung doppelt glücklich an. Sie freute sich darauf, endlich Marie wiederzusehen, und auf die erste Begegnung mit dem von ihr verehrten Rudolf Steiner. Ihre Erwartungen waren hoch: »Ich sehne mich aber nach Funken, die mir tiefere Einsichten erschließen, die wecken, was nicht allein erwachen will«, schreibt sie Anfang April 1903 an Marie. Zwar ahne sie, worauf es wirklich ankomme im Leben, aber sie benötige eine Anleitung, um ihren Weg zu finden. Diese erhoffe sie sich von Steiner. Als Gegenleistung würde sie ihn gern in der Technik des Sprechens und Vortragens unterweisen. Etwas enttäuscht zeigte sie sich von Maries Mitteilung, Steiner werde einen ganzen Monat abwesend sein.

Doch in ihrem ersten Brief nach den Sommerferien ist Maria von Strauch immer noch erfüllt von dem Zusammensein mit Steiner, der geglaubt habe, sie »zu einer Lehrkraft erziehen zu können«. So etwas habe sie nicht einmal zu träumen gewagt. Sie gerät wieder einmal ins Schwärmen, wie am Anfang ihrer Beziehung mit Marie, als sie deren schauspielerisches und rezitatorisches Talent und ihr außergewöhnliches Einfühlungsvermögen gelobt hatte. »In Wahrheit lebe ich ja nur mit Euch«, schreibt sie im September 1903. »Du und unser teurer Meister sind meine Welt, und hier muss ich mein Werk tun, bis der Tag kommt, an dem ich mithelfen darf.«

Sie beneide Marie und ihre Schwester Olga, die zur damaligen Zeit in Berlin weilte, »um jedes Wort des Doktors«. Seine Gedankengänge seien ihr immer vertrauter, sie fühle sie und liebe ihn, »wie man nur den liebt, der das Tiefste und Beste in uns zum Klingen bringt«. Nicht ohne Neid gibt sie Marie zu bedenken: »Gewiss hast Du es nicht leicht ... und mancher innere und äußere Kampf wird zu überwinden sein, aber dennoch bist Du so unendlich bevorzugt, dass Du aus dieser ewig fließenden Geistesquelle unmittelbar schöpfen darfst.« Allmählich weitet sie ihre Korrespondenz auf ihn aus und gesteht, dass sie sich zu Hause noch nicht zurechtfinden könne, weil sie in ihren Gedanken immer noch zu nahe bei ihm und Marie sei. »Niemals werde ich Ihnen genug dafür danken können, wie Sie meine Innenwelt bereichert und geordnet haben.«

Einen Monat lang musste sie auf eine Antwort warten, dann erhielt sie einen kurzen Brief von Marie, dem ein längerer von Steiner selbst verfasster beilag. »Es strömte eine Kraft aus diesem schönen Briefe, die mich als Lichtstrahl traf«, schwärmte sie und bat Marie, ihm mitzuteilen, dass sie nun klarer sehe und alles verstanden habe, was er ihr habe sagen wollen. Sie dankte ihm für die Zeit, die er ihr »in seiner Herzensgüte« geopfert habe.

Anfang April 1904 staunt sie in ihrem Brief an Marie darüber, wie fest sie »mit dem Doktor verknüpft« sei, so »dass er nie aus meinen Gedanken kommt und ich ihn bei meinem Tun und Lassen immer gegenwärtig fühle«. Wenn sie seine Zeilen liest, fühlt sie, dass ihr Schicksal an seines gekettet ist. Im Juli schmiedet sie Reisepläne: »Ich sehne mich so unaussprechlich nach geistiger Speise, nach der reinen Höhenluft Eures kleinen Gartenhäuschens, nach Deiner Liebe, nach dem Doktor, dessen Leitung mir höchstes Lebensbedürfnis geworden ist.« Ihr Interesse und ihre Sorge hatten sich mittlerweile von ihrer jungen Freundin Marie auf deren Lebenspartner Rudolf Steiner verlagert, wie den Schlusssätzen ihres Briefes zu entnehmen ist: »Lebewohl ... und stütze unseren teuren Lehrer und Führer und sei die Hüterin seiner äußeren Ruhe.« Maria von Strauch hatte einen Rollenwechsel ihrer beiden Bezugspersonen, Marie und Rudolf Steiner, vorgenommen: Der

Mann war zum Protagonisten geworden, auf den sich die anderen als Nebenfiguren bezogen.

Auch in diesem Jahr verbrachte Maria von Strauch die Sommerferien bei Marie und Steiner und verabschiedete sich mit Worten, die im Nachhinein eine prophetische Dimension zu haben scheinen. Das, was sie im Sommer erlebt habe, sei zu groß, um es mit jemandem teilen zu können. Wenn sie anderen Menschen erzählen würde, wie viel Steiner ihr gebe und was das Zusammensein mit ihm für sie bedeute, würde man sie mit Sicherheit für verrückt halten. Man könne so etwas nicht glauben, sondern müsse es selbst erleben. Sie will es noch einmal allein in ihrer gewohnten Umgebung nachvollziehen: »Ich muss fort, denn ich muss all das Empfangene verarbeiten, sonst würde ich daran sterben.«

Tragische Ironie: Maria von Strauch starb noch im selben Jahr, am 28. Dezember 1904, in Petersburg an einer Lungenentzündung. Was der Tod ihrer engsten Vertrauten für Marie von Sivers bedeutete, lässt sich nur erahnen.

Als sie davon erfuhr, war sie fassungslos. In ihre Verzweiflung und Trauer um ihre beste, liebste, »allernächste« Freundin, »die der lebende Charme selbst war«, mischten sich Schuldgefühle. Sie fürchtete, sie habe sie vernachlässigt, gestand sie dem anderen Menschen, dem sie sich eng verbunden fühlte und mit dem sie eine ähnlich intensive und intime Korrespondenz pflegte: Édouard Schuré. Zwar hätten Maria von Strauch und sie den Sommer miteinander verbracht, aber es habe so viel zu tun gegeben, dass die Tage von Arbeit überlastet gewesen sei und ihre Gemeinsamkeit zu kurz gekommen sei. Deshalb hatten sie schon Pläne für das nächste Jahr geschmiedet, den Sommer wollten sie miteinander in der russischen Provinz verbringen, »in einem pythagoräischen Garten mit Herrn Steiner ganz für uns, in der Freiheit der Felder und Wälder«. Marie warf sich selbst vor, nicht gemerkt zu haben, wie es um die Freundin stand. Nun blieb ihr nur noch Schuré als einziger Mensch, den sie – neben Steiner – an ihrer Trauer teilhaben lassen konnte. Auf der Grundlage seines Stückes »Die Kinder des Luzifer« hatte Maria von Strauch eine öffentliche Lesung vorbereitet, die sie in Kürze in Petersburg präsentieren wollte.

Auch Rudolf Steiner empfand Maria von Strauchs Tod als großen Verlust, wie er viele Jahre später noch einmal rückblickend in einem Vortrag bekannte. Doch ihre geistige Verbindung sei geblieben und ihm eine »Inspirationsquelle für die Inszenierung der Mysteriendramen gewesen«.

Außer Maries Brief an Schuré, den sie unmittelbar nach der traurigen Nachricht schrieb, sind keine Äußerungen von ihr erhalten, die das Ausmaß der Tragödie, die es für sie bedeutete, auch nur andeuten. Maria von Strauch hatte verschiedene Rollen für sie verkörpert: Neben der geschätzten und bewunderten Lehrerin war sie bald zur Freundin geworden, einer älteren, erfahrenen Freundin, von der man etwas lernen, mit der man aber auch schwärmen und lachen konnte. Was vielleicht noch wichtiger war: Maria von Strauch fühlte auch eine mütterliche Verantwortung für Marie. Anders als deren tatsächliche Mutter bemühte sie sich, Maries Wunsch, sich zu bilden – wissenschaftlich, künstlerisch und spirituell –, zu erfüllen. Sie war bestrebt zu ergründen, wer Marie wirklich war und was sie vom Leben wollte. Dieses Interesse und diese Form der Zuwendung hatte Marie bisher nicht kennengelernt. Die

Zuwendung ihrer Familie – allen voran der Mutter – bestand darin, Marie mit den herrschenden Konventionen vertraut zu machen und von ihr zu verlangen, diese genau einzuhalten.

Darin hatte der Beruf, den Marie ursprünglich ergreifen wollte, keinen Platz: Für ihre Familie war das Theater ein Ort, den man besuchte, um die herrschende Hochkultur zu genießen. Doch der Beruf der Schauspielerin galt als anrüchig und inakzeptabel. Da konnte Marie noch so begabt sein – wie ihr aus berufenem Mund attestiert wurde –, eine derartige Ausbildung kam nicht infrage. Während dieses schweren Konflikts mit der Mutter hatte ihr Maria von Strauch zur Seite gestanden. Sie hatte sie nicht nur fachlich, sondern auch emotional unterstützt. Wer sollte nach ihrem Tod diesen Platz der mütterlichen Freundin und Lehrerin einnehmen?

Zwar war Marie froh, dass sich das Verhältnis zu ihrer Mutter entspannt hatte, seit sie sich in der Theosophischen Gesellschaft engagierte, aber von Einvernehmen konnte nicht die Rede sein. Dafür war der Graben zwischen ihnen zu tief. Sogar an ihren Plänen, sich innerhalb der Theosophischen Gesellschaft eine wichtige Position aufzubauen, hatte ihre Familie bis zuletzt etwas auszusetzen gehabt. Mehr noch: Die Familie hatte sie gewarnt, eine »repräsentative Rolle« zu übernehmen, da es ihr dafür an Mitteln fehle. Marie waren diese Versuche, sie kleinzuhalten, seit ihrer Jugend bekannt. Damals war sie davon verunsichert und tief getroffen worden, doch mittlerweile konnte sie sie als oberflächliches Ärgernis registrieren und abschütteln.

Nachdem Maries Schwester Olga, die der Theosophie sehr zugetan war, zusammen mit ihrer Mutter einige Male in Berlin bei Marie und Rudolf Steiner gewesen war, änderte sich Caroline von Sivers' Meinung bezüglich der Theosophie. Es beeindruckte sie, wenn Steiner ihren Töchtern seine neuen Erkenntnisse offenbarte und sie dabei zuhören durfte. In einer »arbeitsüberfüllten Zeit« habe er es nicht unterlassen, ihrer Schwester »allabendlich die inhaltreichsten geisteswissenschaftlichen Vorträge zu halten, dabei in entzückender Weise« ihre Mutter mit einbezogen, berichtet Marie von Sivers. Die Mutter habe »scheinbar ablehnend und doch tief interessiert« in einer Ecke gesessen. Obwohl sie es nicht habe zugeben wollen, habe ihre Seele »das Gehörte mit Wärme« aufgenommen. Es war Steiner gelungen, ihr Herz zu gewinnen. »Dass er so klug ist und so bedeutend und so viel Ansehen hat, das macht es für mich nicht aus«, habe die Mutter ihr erklärt, »aber dass er so gut ist.«

Bewahrerin von Weisheit

An eine Reduktion ihrer Tätigkeit für die Gemeinschaft war für Marie trotz all der Belastung nicht zu denken – ganz im Gegenteil: Parallel zu ihren administrativen Aufgaben begann sie, Steiners Schriften im Selbstverlag herauszugeben. Zwar gab es Verlage, die an seiner Arbeit interessiert waren, doch der Termindruck, den sie ihm auferlegten, war für ihn schwer auszuhalten. In dieser Beziehung nahm sie, die Eigenwillige, Durchsetzungsfähige und Emanzipierte, ein typisch weibliches Verhalten an: treusorgend, unterstützend und entlastend. Es war für sie selbstverständlich, dass sie für ihn mitdachte, wenn es um die Realisation von Plänen und Ideen ging. Der Termindruck der Verlage, den sie ihm ersparen wollte, ist ein deutliches Beispiel dafür.

1908 gründete Marie den »Philosophisch-Theosophischen Verlag«, den sie 1913 in »Philosophisch-Anthroposophischen Verlag« umbenannte. Die erste Publikation, die in diesem eigenen Verlag erschien, war die Nachschrift von Steiners Vortrag über »Philosophie und Theosophie«, den er am 14. August 1908 in Stuttgart gehalten hatte.

Bei ihrer Publikationstätigkeit unterstützt wurde Marie von Johanna Mücke, einer Berliner Freundin, die über Erfahrungen in der Verlagsarbeit verfügte, was sie für die Stelle der Verlagsleiterin prädestinierte. Rudolf Steiner hatte sie bereits während seiner Lehrtätigkeit an der Berliner Arbeiter-Bildungsschule kennengelernt, als sie seine Vorträge besuchte. »Sie war nicht nur eine Zuhörerin, die durch gescheite Bemerkungen auffiel, sie betätigte sich auch, trotz angestrengter eigener Berufsarbeit, ehrenamtlich als Sekretärin der Arbeiter-Bildungsschule und opferte viele Stunden ihrer Nachtruhe, um allen Obliegenheiten zu genügen«, berichtet Marie von Sivers in ihrer Würdigung »Zu Fräulein J. Mückes 80. Geburtstag!«.

Emil Leinhas, ein enger Mitarbeiter Rudolf Steiners, ließ in seinem Nachruf auf Johanna Mücke deren unermüdliche Aktivität lebendig werden: »Einerlei, ob man sie in früheren Jahren in dem langen Schlauch des kleinen Verlagsraumes im Hinterhaus der Motzstraße 17 in Berlin besuchte oder ob man ihr später in dem inzwischen machtvoll angewachsenen Bücherlager in Dornach begegnete – stets war sie emsig tätig.« Das Spektrum ihrer Arbeit war weit, reichte vom Frankieren der Briefe bis zum Korrekturlesen, für das ein tiefes Verständnis der anthroposophischen Inhalte notwendig war. Neben diesem Verständnis verfügte sie über eine »grenzenlose Liebe zur Sache« und ein außergewöhnlich gutes Gedächtnis. Den eigentlichen Grund für ihr Engagement sah Marie in Johanna Mückes Begeisterung für das »Menschheitsfortschritts-Ideal«, das sie in Rudolf Steiners Lehre fand. Marie nannte Johanna Mücke die »notwendige Dritte im Bunde«. Sie sollte fast 30 Jahre ihres Lebens in den Dienst der Anthroposophie stellen.

Entstanden war die Idee einer Verlagsgründung durch Maries Vorschlag, Steiners Vortragszyklus »Schiller und unser Zeitalter« im Selbstverlag zu publizieren. Gerade diese Vorträge gefielen ihr besonders. Sie hatte sie zusammen mit einer Mitarbeiterin protokolliert und sprachlich überarbeitet. Nach anfänglichem Zögern willigte Steiner ein, sodass Marie ihr Publikationsprojekt starten konnte. Ihr und Johanna Mücke ist es letztlich zu verdanken, dass Steiners riesiges Vortrags- und Aufsatzwerk der Nachwelt erhalten blieb. Maries Drängen hatte neben ihrer Absicht, das flüchtige, gesprochene Wort zu fixieren, noch einen weiteren Grund: Einige Zuhörerinnen und Zuhörer brachten ihre eigenen Vortragsmitschriften, denen sie manchmal ihre Ideen beimischten, in Umlauf, sodass ein falscher Eindruck entstehen konnte. Das wollte Marie unbedingt vermeiden. Daher stellte sie nach einiger Zeit zwei Stenografinnen und drei Stenografen ein, die während der Vorträge mitschrieben, das Stenografierte transkribierten und Marie zur Kontrolle übergaben. Rudolf Steiner blieb dem Projekt lange skeptisch gegenüber eingestellt, denn er unterschied streng zwischen gesprochenem und geschriebenem Wort. Marie beobachtete, dass er geradezu litt, »weil er das gesprochene Wort nicht als geeignet für den Druck betrachtete«. Die unvermeidlichen Ungenauigkeiten »schmerzten ihn« regelrecht. Doch Marie ließ sich nicht davon abbringen, die Vorträge zu verschriftlichen, um sie der Nachwelt zur Verfügung stellen zu können.

Zu der ersten veröffentlichten Vortragsnachschrift »Schiller und unser Zeitalter« verfasste Steiner eine Vorrede, in der er erklärte, er sehe sich selbst nicht in der Lage, den Text durchzusehen, denn er sei der Ansicht, dass Vorträge nicht gedruckt werden sollten. Wenn er seine Erlaubnis zur Drucklegung erteile, dann nur, um einem dringenden Wunsch zu entsprechen. Maries Name bleibt unerwähnt. »Was gesprochen wird«, so Steiner, »ist auf das Gehörtwerden und nicht auf das Gelesenwerden zu stilisieren. Gesprochene Abhandlungen oder Bücher sind ein Unding.«

Das sah Marie, die begnadete Rezitatorin, nicht so streng und apodiktisch. Der damit verbundenen Problematik war sie sich sehr wohl bewusst und erklärte im Vorwort zur Schiller-Broschüre: »Die Herausgeber haben den Text der Aufzeichnungen möglichst unberührt gelassen, um das Ursprüngliche des Vortrags darin nicht zu beeinträchtigen.« Sie seien sich sicher, dass die »Gedankenfülle« für eventuelle »Formmängel« entschädigen werde, und hätten sich von dem Wunsch leiten lassen, »die Anregung, die ihnen durch den lebendigen Vortrag in so hohem Maße zuteil wurde, auf diese Art auch einem größeren Leserkreise zuzuführen«.

Marie setzte sich durch. Steiner hatte keine Chance, sich ihrem Drängen nach Vervielfältigung seiner Reden zu widersetzen. Weil er sich – aus Zeitmangel – weigerte, die Texte durchzuschauen, übernahm Marie mit seiner Genehmigung auch noch die Rolle der Korrektorin. Sie war es letztlich, die dafür sorgte, dass ein großer Teil der 6000 Vorträge aus Steiners 20 Jahre andauernder Vortragstätigkeit verschriftlicht und damit einer großen Anzahl von Interessierten zugänglich gemacht wurde. Etwa 4500 mehr oder weniger vollständige Stenogramme sind davon erhalten und bilden »den größten stenographischen Nachlass der Menschheit«, heißt es in den Beiträgen zur Rudolf-Steiner-Gesamtausgabe, in der die Stenogramme enthalten sind. Diejenige, die sowohl für die Herstellung der Manuskripte als auch für deren Bewahrung sorgte, war Marie. Einmal mehr bewies sie ihre Durchsetzungsfähigkeit und Hartnäckigkeit – für Rudolf Steiner vermutlich bisher unbekannte Eigenschaften einer Frau. Er war klug genug, sie gewähren zu lassen, weil er spürte, dass es im Sinne der Bewegung und letztlich in seinem Sinne war.

Ob er wirklich ermessen konnte, was ihr Rundumeinsatz für ihn bedeutete? Anscheinend hat sie ihm gegenüber Klagen vermieden, um ihn nicht zu belasten. Nur Édouard Schuré gegenüber äußerte sie sich ehrlich und schonungslos. Seit Maria von Strauchs Tod war er der Einzige, mit dem sie eine Gesprächsebene pflegte, die alle Schattierungen ihrer Beziehung zu ihrer Arbeit, also auch Zweifel und Klagen, zuließ. Im Sommer 1907, nach dem Pfingstkongress, berichtete sie Schuré von einer anschließenden Vortragsreihe, die in München begann und für sie mit Anstrengungen verbunden war, denen sie sich zeitweise nicht gewachsen fühlte. Es begann schon mit der Hinfahrt: »Wenn wir, wie auch in diesem Falle, den Morgenzug nehmen, so packen wir unsere Koffer zwischen zwei und sechs Uhr morgens, ohne ins Bett zu gehen«, erklärte sie Schuré. Während Steiner nach der Ankunft direkt zu seinem Vortrag gegangen sei, sei sie einen Tag lang in totaler Erschöpfung »auf einer Chaiselongue« liegen geblieben.

Zurück in Berlin, war an Ausruhen nicht zu denken. Sie war gezwungen, alle ihre »Papiere in Schränken zu versorgen und den ganzen Tag auf den Beinen zu sein«. Und das alles in einer Wohnung, die mittlerweile viel zu klein geworden war. »Schon vor München war mir das Vergnügen zuteilgeworden, Mauern durchschlagen, Wände tapezieren zu lassen usw«, erwähnte sie beiläufig.

Über die Wohnung von Marie und Rudolf Steiner haben sich einige Freunde und Besucher ausgelassen, allen voran der russische Dichter Andrej Belyj, der *Erinnerungen an das Leben im Umkreis Rudolf Steiners* verfasste. Eine Zeit lang war er dessen Schüler. Er kannte einige Wohnungen Steiners – in Berlin, in München, in Basel, in Köln. Für ihn waren sie alle ähnlich in ihrer Ausstattung und Ausstrahlung. Das Gleichartige habe in der »äußersten Bescheidenheit dieser immer kleinen, manchmal sogar engen Zimmer« gelegen, sodass man niemals auf den Gedanken gekommen wäre, »dass sie vom Doktor bewohnt würden«. Belyj empfand die Räume als »aufgeschlagene Zelte; ohne Anzeichen von Sesshaftigkeit«. Sie enthielten keinen Komfort, nichts Überflüssiges, waren trotzdem nicht ungemütlich, sondern signalisierten, dass er nichts weiter brauchte als die notwendigen Möbel und seine Bücher. »Äußerste Einfachheit, äußerste Genügsamkeit!«

Die Berliner Wohnung in der Motzstraße 17 habe wie eine Reihe kleiner Zelte gewirkt, von denen jedes eine bestimmte Funktion erfüllte und einer Person zugeordnet war, die darin arbeitete. Doch die »Bürodamen« waren nicht nur an ihrem jeweiligen Platz emsig tätig, sondern innerhalb des Hauses ständig unterwegs: von den Büros zur Bibliothek oder zum Verlag. Einige Mitarbeiterinnen wohnten, wie Johanna Mücke, im Haus. Den ganzen Tag über eilten sie von Stockwerk zu Stockwerk, »treppauf, treppab«, telefonierten, verteilten Papiere und Durchschläge. Das Klappern der Remington-Schreibmaschinen war ununterbrochen zu hören. Belyjs Eindruck: »die Wohnung Steiners steht immer offen; sie wirkt wie die Zelle einer Kommune, wo man keinen Wert auf Komfort legt; jede Minute ist verplant; und Aufgaben – Aufgaben – Aufgaben – Aufgaben.« Nicht zu vergessen, die Schar der

Besucherinnen und Besucher, die bei Steiner um Audienz gebeten hatten, weil sie sich Antworten auf die Fragen erhofften, von denen sie bedrängt wurden. Die meisten waren überrascht, denn »statt der erwarteten Feierlichkeit« empfing sie »brodelndes Leben«. Wer gerade Zeit hatte – eine der Bürodamen, der Hausmeister oder Marie –, öffnete die Tür und führte sie in ein kleines Wartezimmer, in dem beinahe zu jeder Tageszeit alle Plätze besetzt waren. Keine Atmosphäre der Erhabenheit, sondern der Geschäftigkeit. Offensichtlich wurde in diesen Räumen gearbeitet.

Oft machte der »Doktor« nur Zwischenstation in der Motzstraße, packte den Koffer seiner letzten Vortragsreise aus, um ihn für die nächste neu zu packen. Dazwischen lagen seine Sprechstunden, die er ununterbrochen hielt, ohne an Essen und Trinken zu denken. Wenn ausländische Besucher kamen, war Marie gefragt, denn Steiner sprach ja keine Fremdsprachen, was jedoch dank seiner Übersetzerin nicht als Makel empfunden wurde. Sie sorgte dafür, dass die Kommunikation intensiv und nuancenreich stattfinden konnte. Steiner strahlte inmitten all der Betriebsamkeit Ruhe aus. Er habe die Gabe gehabt, »jede Situation in einen unvergesslichen Augenblick zu verwandeln«, staunt Belyj. »Er war ein Feind jedes Pomps.«

Marie von Sivers war es unerklärlich, wie Steiner es schaffte, bei seinem enormen Arbeitspensum und »inmitten der nervenzerreibendsten Hetze« ruhig und konzentriert zu sein. Sie müsse »zweifellos durch diese Schule gehen«. Doch im Gegensatz zu Marie konnte sich Steiner dank ihrer Hilfe von einigen unangenehmen Pflichten befreien. Hatte sie schon früh seine Vertretung bei den Zusammenkünften übernommen, wenn er zu viel zu tun hatte, so waren es mit der Zeit vor allem Krisensitzungen, die er sie zu managen bat. So kristallisierte sich bald eine deutliche Rollenverteilung heraus, bei der sie den strengen Part und er den liebenswürdigen übernahm. Naturgemäß zog sie dafür Antipathien auf sich, die eigentlich ihm hätten gelten sollen. Doch das konnte ihr Verhältnis nicht stören. Marie Savitch äußerte sich bewundernd über die Art und Weise, in der Marie und Steiner miteinander umgingen. Marie sei immer »ungezwungen« gewesen. Wer die beiden zusammen erlebte, »fühlte in dieser Umgebung das menschlich Echte in Benehmen, Sprache, Unterhaltung«. Steiner profitierte zwar von der Rollenverteilung, wünschte sich jedoch, Marie von den »kleinlichen Arbeiten« erlösen zu können. Er wollte sie so gern in »der geistigen Welt« sehen, von der er wusste, dass sie ihr eigentlich bestimmt war.

In seinem Vortrag zum 150. Geburtstag Marie Steiner-von Sivers' erwähnt Peter Selg, der Leiter des Ita-Wegman-Instituts in Arlesheim, eine Anekdote, die das Verhältnis der beiden beleuchtet und den Humor und die »lichte Heiterkeit« erkennen lässt, die ihren Umgang bestimmte. So habe Steiner Marie gestanden, dass die Gummischuhe, die sie ihm geschenkt hatte, in Regensburg ohne ihn weitergefahren seien. »Sie wollten sich beim Aussteigen nicht melden, sondern die Reise ohne mich fortsetzen«, lautete die originelle Erklärung – und der hoffnungsvolle Nachsatz: »Mögen sie zu andern Füßen mehr Anhänglichkeit haben.«

Laut Savitch war Maries Blick auf Steiner von Zärtlichkeit bestimmt. »Ich sehe noch Rudolf Steiners elastischen Gang, sein freundliches, gütiges Lächeln, wenn wir in den Straßen Münchens einhergingen, bald hier, bald dort einkehrend, wo es etwas zu entdecken gab«, habe ihr die Freundin erzählt. Am meisten interessierten ihn die Buchläden. Über eine gemeinsame Bodenseereise äußerte sie sich schwärmerisch. Mit Steiner unterwegs zu sein bedeute »Umwandlung von Raum und Zeit zu Leben und Dauer«. Man habe nicht viel zu reden brauchen. »Die Dinge wurden ganz allein lebendig, regten sich unter seinen Schritten.«

Umso mehr litt Marie, wenn sie Steiner zum Anhalter Bahnhof begleitete und sah, wie er in die dritte Klasse eines überfüllten Zuges einstieg. Ein so feinsinniger, permanent arbeitender Mensch hätte in ihren Augen eine andere Form des Reisens verdient. Doch er beruhigte sie, indem er ihr schrieb, dass viele Mitreisende schon an der nächsten Station ausgestiegen seien, sodass er einen Teil der Strecke allein im Abteil verbringen konnte. Er bat sie darum, »ein wenig gleichmütiger« zu werden. Ihre Sorgen um ihn würden dazu führen, dass er sich wiederum Sorgen um sie mache und so weiter. Möglicherweise war es Maries Hochsensibilität, aus der sich diese Sorgen speisten, war sie doch ein Mensch, der der Außenwelt mit all ihren Einflüssen beinahe schutzlos ausgeliefert war und kleinste atmosphärische Irritationen spürte. Vielleicht war das Zusammensein mit Menschen für sie viel anstrengender als für ihn. Erst wenn sie im Kontakt mit anderen Menschen aktiv werden konnte – sei es in der Rolle der strengen Lehrerin oder der verantwortungsvollen Mitarbeiterin Steiners, die unbequeme Botschaften zu verkünden hatte –, fühlte sie sich sicher.

Die Streitigkeiten mit ihrer Mutter, die sich über Jahrzehnte erstreckten, waren für Marie besonders kräfteraubend. Nicht nur, weil sie in vieler Hinsicht gegensätzliche Auffassungen vertraten, sondern weil das gegenseitige Verständnis fehlte. Caroline von Sivers verstand ihre Tochter nicht, und diese verstand nicht, warum sich ihre Mutter überhaupt nicht in sie hineinzuversetzen versuchte. Die Ignoranz ihrer Mutter schmerzte sie am stärksten. Dass sie sich im Rahmen von Maries theosophischer Tätigkeit einander annäherten, wozu Steiner einen entscheidenden Beitrag leistete, erfüllte sie mit Zufriedenheit. Doch die Phase der Entspannung zwischen Mutter und Tochter währte nur kurze Zeit. Caroline von Sivers starb im Beisein Maries 1912 während der Mysterienfestspiele in München.

Fünf Jahre später folgte ihr ihre Tochter Olga. »Olga von Sivers gehörte zu denjenigen Persönlichkeiten, die niemals irgendwie angezogen waren von etwas anderem«, schrieb Rudolf Steiner in seinem Nachruf. »Und daher konnte man sich um so enger gerade mit ihr verbunden fühlen, treu.« Sie habe zu denjenigen Mitgliedern gezählt, die auf unspezifische Art mit der theosophischen Bewegung verbunden seien und okkulten Wahrheiten, Impulsen und Einsichten kritisch gegenüberstünden. »So still sie auftrat, so sanft ihr Wirken war, so energisch im Inneren, wenn auch an sich haltend, war ihr Verbundensein mit gerade der spezifischen Artung unserer Bewegung.« Zwei Jahre nach ihrem Tod fertigte Rudolf Steiner ein Reliefporträt von ihr an, wie Marie von Sivers Johanna Mücke mitteilte, der sie zum Andenken einen Abguss schickte: »Dr. Steiner hat mit viel Liebe ein gelungenes Relief meiner Schwester gemacht.«

Anthroposophie – Meilenstein zur Erkenntnis

Ende 1912 wurden die Differenzen innerhalb der Theosophischen Gesellschaft so groß, dass an eine gemeinsame zukünftige Ausrichtung nicht mehr zu denken war. Die Theosophische Gesellschaft war streng hierarchisch organisiert, und die Gründung von neuen Logen, neuen Zweigen und nationalen Gesellschaften brauchte die Genehmigung der Präsidentin, um anerkannt zu werden. Nach Henry Steel Olcotts Tod 1907 war Annie Besant Präsidentin der Theosophischen Gesellschaft geworden und hatte ihr Zentrum ins indische Adyar verlegt. Zur Unterscheidung der Theosophischen Gesellschaften bürgerte sich die jeweilige Ortsbezeichnung als Teil des Namens ein. Der Aufnahmeantrag in die Theosophische Gesellschaft Adyar Zweig Berlin mit Dr. Rudolf Steiner als Vorsitzendem, Marie von Sivers als Schriftführerin und Friedrich Kiem als Kassenwart wurde für den 5.2.1905 bestätigt. Außerdem wurde im Mitgliederbuch vermerkt, dass diese Mitgliedschaften dem Besant-Zweig angehörten.

Aufgrund der strengen Hierarchisierung, die wenig Diskursraum zur Streitbeilegung zuließ, kam es bei Konflikten innerhalb der Gemeinschaft, wer die Führung übernehmen und wie die inhaltliche Ausrichtung aussehen sollte, immer wieder zu Trennungen, Abspaltungen und Neugründungen von eigenständigen Logen und theosophischen Teilgesellschaften, wobei Rudolf Steiners Abspaltung mit seiner Gründung der anthroposophischen Richtung als Sonderfall zu werten ist. Ein Sonderfall in mehrfacher Hinsicht: Er zeichnete sich nicht nur durch die inhaltliche Erweiterung der Theosophie aus, sondern auch durch seinen großen Erfolg, wie ein Blick in die Zukunft zeigt: Während viele theosophische Abspaltungen nach dem Tod ihrer Gründer und Gründerinnen wieder verschwanden, erlebte die Anthroposophie nach dem Tod Steiners einen stetigen, nur durch die Naziherrschaft und den Zweiten Weltkrieg unterbrochenen Aufstieg. Während die heutigen theosophischen Gesellschaften eher Randphänomene sind, hat sich die anthroposophische Bewegung um Rudolf Steiner nachhaltig in der Gesellschaft verankert.

Die im Jahr 1912 erfolgte Abtrennung des deutschen Zweigs von der Adyar-Theosophie und die daraus resultierende Neugründung der Anthroposophischen Gesellschaft durch Steiner geschah aufgrund inhaltlicher Unstimmigkeiten, die sich schon auf dem Pfingstkongress 1907 abgezeichnet hatten und schließlich nicht mehr überbrücken ließen. Während Steiner für einen westlichen Weg – christlich, rosenkreutzerisch – der esoterischen Schule eintrat, plädierte Besant für den östlichen, hinduistischen esoterischen Weg.

Unüberbrückbare Unterschiede entstanden auch bei der

Bewertung der Notwendigkeit eines zukünftigen »Weltenlehrers«.

Der von Annie Besant und ihren Anhängern ausgewählte junge Hindu Jiddu Krishnamurti wurde der theosophischen Gemeinschaft als zukünftiger Weltenlehrer präsentiert. Um Krishnamurti zu fördern und zu unterstützen, wurde von Besant ein eigener Orden gegründet, der Orden des Sterns des Ostens. Bei all diesen Unternehmungen blieb Rudolf Steiner außen vor.

Am 8. Dezember 1912 wurde vom Vorstand der Deutschen Sektion der Theosophischen Gesellschaft per Telegramm das Vorgehen Annie Besants missbilligt. Man habe darin »eine fortgesetzte objektive Verschleierung und Entstellung der Tatsachen« erkannt, die dem obersten Grundsatz der Theosophischen Gesellschaft, »der Forderung nach Wahrhaftigkeit«, widerspreche. Daher könne der gesamte Vorstand der Deutschen Sektion »in der Resignation der Präsidentin« die einzige Möglichkeit des weiteren Fortbestands der Gesellschaft sehen. Nachdem die Generalversammlung in Adyar diesen Antrag abgelehnt hatte, wurde noch im selben Monat, am 28. Dezember 1912, die Anthroposophische Gesellschaft gegründet. Vorsitzende waren Marie von Sivers, Dr. Carl Unger und Michael Bauer, beide frühe Weggefährten Steiners. Dieser übernahm kein Amt in der Anthroposophischen Gesellschaft, um nur noch als geistiger Lehrer tätig sein zu können.

In ihren Erinnerungen erklärt Marie von Sivers diesen Vorgang rein inhaltlich, auf die äußeren Querelen geht sie nicht ein. Ihr Ausgangspunkt ist das Bedürfnis des Menschen nach einer Wissenschaft, die Spiritualität nicht von vornherein ausschließt. »Es bedurfte einer Wissenschaft, die aus den schon ausgebildeten Menschenkräften heraus sich zum Geist emporschwingen könne. Diese Wissenschaft gab uns Rudolf Steiner in der Anthroposophie.«

Für Marie ist die Gründung der Anthroposophie ein notwendiger Meilenstein zur Erkenntnis menschlicher Existenz. »Rudolf Steiner hat den wissenschaftlichen Weg beschritten, der den Menschen in seine eigenen Tiefen hineinführt. Dazu brauchte er die Beherrschung des gesamten Wissens seiner Zeit.« Dieser Aufgabe habe er sich »mit zäher, rastloser Ausdauer« unterworfen.

Marie erinnert daran, dass »er von seinen Knabenjahren an seinen Lebensunterhalt verdienen musste«. Neben dem »offiziellen« Studium der Naturwissenschaften habe er sich das Wissen um den Menschen selbst erarbeiten müssen. »So durch zähes Lernen und Lehren, nimmer Ermüden und nimmer Entweichen kam er seinem Ziele näher, bis er es vollkommen erreichte.« Maries Würdigung Steiners liest sich stellenweise wie eine Selbstbeschreibung ihres eigenen Weges. In der Selbstaneignung von Bildung – ohne kompetente Anleitung und Unterstützung – fühlte sie sich Steiner verwandt. Und er wurde nicht müde zu betonen, dass sie der einzige Mensch sei, der ihn ganz verstehe. Marie Steiner stimmte dem zu, indem sie seine Leistung herausstellte: Bis zu seinem letzten Lebensjahr habe er nicht aufgehört, sein Wissen zu »vervollständigen durch alles Neuerscheinende, um immer wieder das Äußere mit dem Innern zu verbinden«. Nur jemand wie Steiner habe diesen außerordentlichen Erkenntnisdrang gehabt. »So ausgerüstet konnte er Geistwissen mit Erdenwissen durchdringen und die Kultur durch eine neue Wissenschaft bereichern, durch die Anthroposophie.«

Am 3. Februar 1913 fand die erste Generalversammlung der Anthroposophischen Gesellschaft statt, bei der Rudolf

Steiner das Ehrenpräsidium übernahm. Annie Besant zog die Konsequenz und schloss die Deutsche Sektion mit dem Vorwurf, Rudolf Steiner habe aus der Theosophie eine christliche Sekte gemacht, aus der Theosophischen Gesellschaft Adyar aus.

Von Fräulein von Sivers zu Frau »Doktor« Steiner

Für Marie von Sivers war es nicht neu, dass ihr, besonders von weiblichen Mitgliedern der Theosophischen Gesellschaft, mit Argwohn begegnet wurde. Man neidete ihr die exponierte Position in der Gesellschaft und vor allem die Nähe zu Rudolf Steiner. Dass dieser verheiratet war, tat ein Übriges. Seine Frau Anna Eunike hatte sich zwar bereits 1903 von ihm getrennt, doch hatte sich das Paar nicht scheiden lassen. Anna Eunike war am 19. März 1911 im Alter von 57 Jahren verstorben.

Offensichtlich hatte sich Marie bereits 1904 mit dem Gedanken getragen, die Ehe mit Rudolf Steiner einzugehen, und Maria von Strauch in ihren Plan eingeweiht. Diese teilte ihr im Mai 1904 mit, sie habe »drei schwere Tage des Kampfes durchgemacht«, bevor sie sich überhaupt mit dem Gedanken einer Eheschließung befassen konnte. Zwar habe sie die Beziehung zwischen Marie und Steiner während der gemeinsamen Sommerferien »mit großer Liebe betrachtet«, Genugtuung und »innige glückselige Freude« empfunden, dass die »feinste Geistliebe« realisiert worden sei, doch niemals habe sie an die Möglichkeit einer Eheschließung gedacht. Nachdem sie das Für und Wider, bei dem Letzteres überwog, niedergeschrieben hatte, schloss sie ihren Brief mit der Gewissheit, dass Dr. Steiner alles gründlich überlegen und den richtigen Weg wählen werde.

Es dauerte noch zehn Jahre, bis Rudolf Steiner und Marie von Sivers heirateten: Die Trauung fand am 24. Dezember 1914 in Dornach, dem Schweizer Ort, an dem die Anthroposophische Gesellschaft zukünftig wirken sollte, statt.

Die Bekanntgabe der Eheschließung löste in der Anthroposophischen Gesellschaft große Irritation aus. Ein weibliches Mitglied, das bei den Aufführungen der Mysteriendramen unter anderem die Theodora verkörpert hatte, steigerte sich regelrecht in Wahnvorstellungen hinein. Sie war der festen Meinung, dass die Verkörperung dieser Rolle einem symbolischen Eheversprechen Steiners gleichkam, und wartete seither auf seinen Heiratsantrag. Andere schlossen sich der Klage an, Steiner halte seine Versprechungen nicht ein. Steiner reagierte mit einer differenzierten Erklärung seiner Beziehung zu Marie. Beide würden sie den Standpunkt vertreten, dass »solche persönlichen Dinge niemanden etwas angehen«. Allerdings hofften sie, mit der Heirat ein deutliches Zeichen zu setzen, wobei Steiners Erklärung nicht gerade schmeichelhaft für Marie ausfiel: »Es ist Frau Dr. Steiner, dadurch dass sie sich mit mir verheiratet hat, die ›Reinmachefrau‹ geworden für manche Dinge, die sich in manchen Köpfen angesammelt haben.«

Während Marie über die absurden Angriffe auf ihre Person lachte, nahm Steiner die Anfeindungen, denen Marie ausgesetzt war, sehr ernst. Er verstand den Begriff »Reinmachefrau« zwar scherzhaft, doch die Rolle, die er ihr damit zuwies, war keineswegs dazu geeignet, ihr Sympathien einzubringen. Er erteilte ihr den Auftrag, Mitglieder zurechtzuweisen und unbequeme Anordnungen zu kommunizieren, weil er sich selbst nicht dazu in der Lage sah. Über das Maß an Konfliktfähigkeit, das dazu notwendig war, verfügte er offensichtlich nicht. Wahrscheinlich wollte er sich nicht unbeliebt machen. Auch Marie fiel es nicht immer leicht, die Entschiedene, Ablehnende, Anordnende zu sein, doch im Interesse der gemeinsamen Sache setzte sie ihre Beliebtheit aufs Spiel.

Auf einer internen Frauenversammlung eröffnete Marie den Teilnehmerinnen die Möglichkeiten, die sich erstmals für sie boten: »Zum ersten Mal, seitdem esoterisches Wissen den Menschen gegeben wird, dürfen wir in Gemeinschaft mit dem Manne dieses Wissen empfangen, dürfen durch diese gemeinschaftliche Arbeit eine neue Ära inaugurieren.« Doch müssten dafür »die drei bösen Kräfte des Weiblichen: Eitelkeit, Erotik und Lüge« überwunden werden.

Marie von Sivers entsprach nicht dem damals herrschenden Frauenideal. Ihr Widerspruchsgeist hatte sich früh entwickelt, genau wie ihre Kompromisslosigkeit, wenn es um wichtige Entscheidungen ging. Da konnte sie den anderen Mitgliedern, Frauen wie Männern gleichermaßen, das Leben schwer machen. Manchmal steif und unnahbar wirkend, vertrat sie ihre Meinung stets temperamentvoll und ohne Kalkül. Ihre Gefühlsäußerungen hatten in ihrer Direktheit etwas Kindliches. Dazu zählte auch, dass sie gern lachte: laut und aus voller Seele. Genauso laut konnte sie sich empören. Sie wollte nicht um jeden Preis geliebt werden und hatte keine Angst vor Ablehnung.

Selbstbewusstsein und Standfestigkeit bewies sie auch in Auseinandersetzungen mit Rudolf Steiner. Obwohl sie ihn aufrichtig bewunderte und als Lehrer akzeptierte, war sie nicht automatisch seiner Ansicht. Um ihre Meinung zu ändern, bedurfte es überzeugender Argumente. Weder durch Titel noch autoritäres Verhalten war sie einzuschüchtern, sondern immer und in jeder Konstellation bereit, ihre geistige Unabhängigkeit mit Verve zu verteidigen. Dass sich hinter diesen Äußerungsformen ein hochsensibler Mensch verbarg, der viel Kraft dafür einsetzen musste, sich vor negativen und aggressiven Energien, für die er ein feines Gespür hatte, zu schützen, war nicht leicht erkennbar. Als begabte Schauspielerin hatte sie gelernt, eine Fassade der Unnahbarkeit und Selbstsicherheit vor sich aufzubauen, die von einigen Menschen als Kälte und Arroganz empfunden wurde.

Die Sprachgestalterin Elly Simons berichtet, dass die meisten Menschen sogar nach längerer Bekanntschaft mit Marie Steiner von ihrem »stürmischen, oft unduldsamen Temperament« eingeschüchtert waren und sich in »ihrer überwältigenden Gegenwart« nicht zu behaupten wagten. Zwar habe »Frau Doktor« es geschätzt, wenn man »einfach man selbst« geblieben sei, doch das bedeutete nicht, dass sie Widerspruch ertrug. Sie neigte dazu, »den allzu Kühnen einfach mit einem Donnerkeil zu treffen, während die Höflinge mit den schlotternden Knien und den egoistischen Interessen oft bei ihr ein williges Ohr fanden«.

Andrej Belyj erwähnt in seinen Erinnerungen, dass Frau Dr. Steiner, geb. von Sivers, von den Russen Marija Jakovlevna genannt wurde. Für ihn selbst war sie die »Große

Dame«, die polarisierte. Von den »Nicht-Sehenden« unter den Russen, die nur einen oberflächlichen Blick auf sie warfen, wurde sie als »trockene, pedantische, ungerechte Deutsche« bezeichnet. Die »Nicht-Sehenden« unter den Deutschen nannten sie eine »trockene, pedantische, ungerechte Russin«. Immer war sie eine Außenseiterin. Doch für die »Sehenden« war sie so viel mehr, »wenn sie, einen Rosen- oder Maiglöckchenstrauß in der Hand, mit leuchtend blauen Augen und leuchtend goldenem Haar vorüberging und huldvoll lächelte, ein Lächeln, das manchmal die Sonne selbst war.« Belyj gerät ins Schwärmen über ihre riesige Aura, eine »Art Sonnenscheibe«, die die Menschen zwang, ihre Augen zusammenzukneifen, um nicht geblendet zu werden.

Man musste mehrfach hinschauen, um sie zu begreifen und zu erkennen, was bei ihr unter der Oberfläche brodelte: Unter ihrer Selbstbeherrschung, die manchmal wie »kalter Stolz« wirkte, »glühte das Feuer eines echten Vulkans«. Dessen Heftigkeit bestimmte ihr Wesen, sodass sie ihr Gegenüber mit »heißer, unaufhaltsam strömender Liebe« überschütten konnte. Doch ebenso ungestüm konnte ihre Reaktion auf ein Verhalten sein, das ihr missfiel. Schon wegen einer Kleinigkeit konnte sie die betreffende Person »schikanieren, sie konnte ein eisbedeckter Ätna sein«.

Im Tun leben

Der Weg vom »eisbedeckten Ätna« Marie Steiner zu Ita Wegmans cholerischen Wutausbrüchen ist nicht weit, die Beschreibungen der Charaktere der beiden Frauen ähneln sich. Schaut man sich ihre Lebensläufe an, fällt zuerst einmal das Gegensätzliche ins Auge. Während Ita im Kolonialmilieu von Java eine sehr freie Kindheit erlebte, in der sie von zwei Kulturen – der asiatischen und der europäischen – beeinflusst wurde, wuchs Marie in aristokratischen, militärisch geprägten Verhältnissen in Petersburg auf, wo sie sich jegliche Freiheit selbst erkämpfen musste. Was beide verband, war die Suche nach einem eigenen Weg. Dabei ließen sie sich von Hindernissen und Widerständen nicht zurückhalten, sondern wuchsen an ihnen und überwanden sie schließlich. Marie Steiner hat sich und Ita einmal als zwei Löwinnen bezeichnet. In ihrer Willenskraft und in ihrem Durchsetzungsvermögen waren sie sich sehr ähnlich. »Die Kraft der Initiative durchpulste ihr ganzes Tun – im Kleinen wie im Großen«, so Madeleine van Deventer über Ita Wegman.

Eine andere Mitarbeiterin, Els Eichler, erzählt, dass »es warm und hell wurde«, wenn Ita einen Raum betrat. Sie habe »nur die hohe, aufrechte Gestalt und die Augen, deren Farbe ich nicht genau weiß«, gesehen. »Der Blick ergriff einen, forderte, ermutigte. Man konnte sofort tiefes Vertrauen zu ihr fassen.«

So empfand es auch Deventer, die sich in einem Vortrag ausführlich über »Ita Wegmans Persönlichkeit« äußerte: »Die reiche Fülle ihres Wesens erfüllte alle Räume, und wenn sie nicht da war, schien es ›leer‹ in der Klinik.« Aus ihrer weiteren Schilderung spricht jedoch auch Erstaunen über die Widersprüche, auf die sie im Umgang mit Ita traf. Sie schätzte deren Urteilsvermögen, das »nicht auf dem äußeren Schein, sondern auf tieferen Schichten der Wirklichkeit, wo ihr Denken hineindringen konnte«, basierte.

Diesem »wirklichkeitsgemäßen« Denken, das sie aufrichtig bewunderte, standen Äußerungen Itas entgegen, die ihr rätselhaft waren. Sie ärgerte sich, dass »ganz gescheite« Leute deshalb die Meinung vertraten, Ita Wegman sei dumm. Eine krasse Fehleinschätzung, denn sie verfügte nicht nur über eine hervorragende Allgemeinbildung, sondern hatte Abitur und Medizinstudium in relativ kurzer Zeit bravourös absolviert. Dass Ita, die Mutige, Selbstbewusste, sich von der »Gescheitheit« und Redegewandtheit ihrer Kollegen einschüchtern ließ, verblüffte Deventer. Wie sie hatte Rudolf Steiner Itas besondere Form der Intelligenz früh erkannt. Sein Fazit: »Frau Dr. Wegman ist eine Frau der Tat, nicht des Wortes.« Ähnlich drückte es ihr Biograf J. E. Zeylmans van Emmichoven aus: »Sie war ein Mensch, der nicht in Vorstellungen, sondern im Tun lebte.«

In ihren Gefühlsäußerungen war Ita ungehemmt – ähnlich wie Marie konnte sie aufbrausen und ihrem Ärger freien Lauf lassen. Ihr Zorn war sprichwörtlich und erzeugte Feindschaften, die sie nicht beabsichtigt hatte. Sie vertrat in Streitigkeiten temperamentvoll ihre Meinung und verteidigte sich massiv gegen Angriffe. Sobald sich die Situation geklärt hatte, war sie in der Lage, zu einem freundlichen Umgang zurückzufinden. Nie trug sie der Kontrahentin oder dem Kontrahenten etwas nach. Weil ihre Liebe zu den Menschen und zum Leben allzeit spürbar war, gewann sie viele Freundinnen und Freunde, die sich von ihrer Herzlichkeit und Begeisterungsfähigkeit anstecken ließen und ihre Unbeherrschtheit in Kauf nahmen.

Mit Kritik oder Zurechtweisung ging sie spielerisch um. Norbert Glas, ein aus Wien stammender junger Arzt, der einige Zeit mit Ita zusammenarbeitete, berichtet, dass Rudolf Steiner nach einem ihrer cholerischen Ausbrüche versuchte, sie zu besänftigen, und ihr nahelegte, sich zu mäßigen. Sie sei mit geballten Fäusten aus Steiners Arbeitszimmer gekommen und habe lächelnd zu den vor der Tür wartenden Kolleginnen und Kollegen gesagt, es werde dem Doktor noch leidtun, wenn sie zu sanft geworden sei. Steiner hegte eine außerordentliche Bewunderung für Ita und äußerte sich öffentlich niemals abfällig über sie. Mehr noch, jeder, der das tat, hatte schlechte Karten bei ihm. Niemandem gestattete er, etwas Negatives über sie zu sagen. Es wird sogar kolportiert, er habe einen Arzt, der sich hinter ihrem Rücken über sie beklagte, sofort entlassen.

Ita verfügte über große Menschenkenntnis, sodass sie selten enttäuscht wurde, weil sie die Unzulänglichkeiten und Boshaftigkeiten ihres Gegenübers längst erkannt hatte. »Sie hatte einen Blick für Menschen – sie wusste, wie sie waren«, erklärt J. E. Zeylmans van Emmichoven. Ihr liebevoller Blick auf die Menschen befähigte sie, Konfliktsituationen zu bewältigen, ohne klein beizugeben. Hilfreich war auch ihr besonderer Humor, der sie nicht so sehr über

Witze lachen ließ, sondern über Situationskomik, für die sie ein untrügliches Gespür besaß. Sie habe »Gewaltig laut lachen« können, so Zeylmans. Auch darin besteht eine Verwandtschaft mit Marie Steiner, deren unverhohlenes kindliches Lachen von ihren Mitarbeiterinnen und Mitarbeitern häufig erwähnt wird.

Eine weitere Parallele zu Marie liegt in einer praktischen Fähigkeit Itas, die neben ihrer Spiritualität täglich zum Tragen kam. Für sie war es wichtig, ihre Ideen auf ihre Realitätstauglichkeit hin zu überprüfen – oder wie es Deventer formulierte: Sie brachte »ihre Ideen bis ins Wirtschaftliche hinein auf die Erde«, wofür Rudolf Steiner sie bewunderte. Bei Marie war es das Organisationstalent, das ihm ähnlich imponierte und von dem er nicht nur bei seinen Vortragsreisen profitierte. Auf die Frage, woher ihre betriebswirtschaftlichen Kenntnisse stammten, verwies Ita stets auf ihren Vater, der in ihrer Jugend diesbezüglich ein Vorbild für sie gewesen war.

Norbert Glas war berührt von ihrem Umgang mit ihren Patienten, besonders von ihrer Fähigkeit, den Erkrankten die Angst zu nehmen und allein dadurch schon eine wesentliche Voraussetzung für die Genesung zu schaffen. »Ihre einfache Gegenwart hob die Leidenden aus der irdischen Schwere, die sie bedrückte.« Sie selbst war von innerer Furchtlosigkeit, und diese übertrug sich. »Ihr Wort hatte eine unmittelbare Wirkung auf Menschen durch die ihm innewohnende Kraft«, so Zeylmans.

Der Arzt Walter Holtzapfel lernte Ita Wegman kennen, als er noch ein junger Mann war. Sie machte großen Eindruck auf ihn, er prägte für sie die Bezeichnung »Weltdame« und erklärte, was er damit meinte: »Ein Mensch, der für alles in der Welt offen ist und durch den wiederum die Welt auch spricht und wirkt; ein Mensch, dem alles Kleinliche und Enge fremd ist; ein großzügiger Mensch.« Sie habe sich auf nichts festlegen lassen, sondern sei immer offen für neue Erkenntnisse gewesen, »das Universelle ihres Wesens ging so weit, dass sie eigentlich auch nichts spezifisch Ärztliches hatte«. Obwohl sie mit Leib und Seele Ärztin war, verhielt sie sich nicht so, wie man sich eine Ärztin vorstellte. Genauso ungewöhnlich wie ihr Verhalten waren auch manche ihrer Therapievorschläge.

Deventer war beeindruckt von Itas Fantasie und Kreativität. »Unerschöpflich« seien ihre Einfälle gewesen, wenn sie ihren Patienten die Angst nehmen, helfen und Erleichterung verschaffen wollte. Zu ihrem Heilungskonzept gehörte es, die Sinnesorgane anzuregen. Das geschah zum Beispiel mithilfe von Ausflügen in der Umgebung. So hielt sie ihre jungen Kollegen dazu an, mit den Patienten Autofahrten zu unternehmen, »damit durch die vielfältigen Sinneseindrücke die darniederliegende Ernährung angeregt würde«. Deventer profitierte selbst von dieser ungewöhnlichen Therapieform. Es gefiel ihr, mit den Patienten langsam »durch Wiesengegenden mit blühenden Obstbäumen zu fahren« und zu erleben, wie die Teilnahmslosigkeit allmählich verschwand und sich Interesse für die schöne Umgebung einstellte.

Das bestätigte Karl König, der als Assistenzarzt in Ita Wegmans Arlesheimer Klinik tätig war und mit dem sie bis zu ihrem Lebensende eine umfangreiche Korrespondenz führte. »Auf die eine oder andere Weise verwendete sie alles zur Heilung«, staunte er in seinen Erinnerungen. Sie habe das benutzt, was ihr gerade zur Verfügung stand: »ein Medikament, ein starkes Wort, einen liebenden Blick, ein Musikstück, ein Gemälde, einen Spaziergang durch die

Landschaft«. Auch darin unterschied sie sich von den meisten ihrer Kolleginnen und Kollegen, die ausschließlich ein bestimmtes Arzneimittel als Therapeutikum anwendeten. Ihnen fehlte eine Erfahrung, die für Ita wegweisend war: die Erkenntnis, »dass die ganze Welt, wenn sie richtig genommen wird, therapeutisch ist«.

Walter Holtzapfel zeigte sich beeindruckt von der Art und Weise, wie Ita ein Statement gegen den »Nationalismus in einer besonders finsteren Form« setzte: 1933 ging sie mit ihren Studentinnen und Studenten auf Reisen. Ihr Ziel war England. In London besuchte sie mit ihren Zöglingen die großen Museen und gab ihnen wieder, was Rudolf Steiner zu einzelnen Werken gesagt hatte. Doch die Reise ließ der Gruppe auch Raum für eigene Aktivitäten. Dabei erlebten sie während ihrer Bootsfahrt auf der Themse ein Abenteuer: Das Boot kenterte, alle fielen ins Wasser und wurden gerettet. Zu den weiteren Stationen der Rundfahrt zählten Aufenthalte in Manchester sowie in einem heilpädagogischen Institut bei Birmingham, die Teilnahme an einer Sommerschule in Bangor in Wales, der Besuch der Druidenzirkel in Penmaenmawr. Als Fortbewegungsmittel dienten ihnen Autos, die von englischen Freunden zur Verfügung gestellt wurden.

Ita hatte mit dieser Aktion ihr Ziel erreicht, wie Holtzapfels Fazit zeigt: »Als wir zurückkamen, hatten wir so viel Weltluft geatmet, dass wir damit durch die kommenden Jahre kamen.« Er hatte erkannt, dass Ita ihnen »eine ihrer heilenden Behandlungen, diesmal mit vorbeugender Wirkung«, hatte zuteilwerden lassen – auf ihre eigene großzügige Art. »Sie hatte auf die Einengung durch den Nationalismus mit einer Lebenstatsache geantwortet, nicht durch eine gedankliche Auseinandersetzung.« Vor allem nicht dadurch, dass sie ihre Ablehnung des Nationalismus in der Hoffnung auf Zustimmung weitergab, sondern indem sie ihren Studentinnen und Studenten Erlebnisse verschaffte, aus denen diese selbst ihre Schlüsse zogen.

Ähnlich verfuhr Ita auch im Krankheitsfall: Ihr Ziel war es, Prozesse in Gang zu setzen, die der jeweiligen Erkrankung die Stirn boten. Dazu musste man sie jedoch erst einmal kennen. Die Maltherapeutin Liane Collot d'Herbois lieferte eine genaue Beschreibung über Itas Annäherung an die Krankheit, die Peter Selg in seinem Buch *Der Mut des Heilens. Über Ita Wegman* wiedergibt: Bei der Begegnung mit einem Patienten sei Ita Wegman so unvoreingenommen und unvorbereitet wie möglich gewesen. Sie habe sich »innerlich ganz leer« gemacht. Wenn ihr jemand den Zustand oder die Symptome des oder der zu Behandelnden erklärt habe, habe ihr das keinen besonderen Eindruck gemacht. »Sie wollte stets mit eigenen Augen sehen.« Also setzte sie sich ans Krankenbett und »stellte sich mit leerem Bewusstsein auf die Krankheit ein«. Erst als sie die Situation innerlich erfasst hatte, konnte sie eine Diagnose stellen. Deventer bestätigte diese Beobachtung: Itas »strahlend nach außen gerichteter Blick« habe sich dabei nach innen gewendet. Damit habe sie dem Patienten »absolute Zuwendung« geschenkt.

Peter Selg bezeichnet diesen Vorgang als »Heilmut«, der ein »atmendes Mitfühlen« und eine »wesenhafte Anteilname« beinhaltet. Das bedeutet nicht nur, sich die »Not des Anderen« zu vergegenwärtigen, sondern sie zu verinnerlichen, das heißt, sie »vorübergehend zur eigenen« zu machen. Die innerliche Leere, von der auch Collot und Deventer berichten, füllt sich mit dem »Sein des Anderen«. Für eine bestimmte Zeit muss der Arzt genauso hilflos sein wie der Patient, »um dessen innere Lage wirklich erfassen und anschließend Gegenkräfte der Therapie aufrufen zu können«, erklärt Selg. Gerade das Aushalten des Nichtwissens und des eigenen »leeren Bewusstseins« erfordert Mut. Den Mut, in einen Abgrund zu schauen und darauf zu vertrauen, dass man nicht in ihm versinkt, sondern die Kraft zur Heilung schöpft. Rudolf Steiner sprach immer dann vom »Mut des Heilens«, wenn es um Ita Wegman ging. Weil sie diesen Mut besitze, sei ihre medizinisch-therapeutische Arbeit so vorbildlich und erfolgreich, versicherte er.

Zu Hause in der Sprache

Marie fühlte sich durch ihre Korrespondenz mit Schuré und die Gespräche mit Rudolf Steiner ermutigt, ihre Arbeit an der Wortgestaltung fortzusetzen, zu verfeinern und die Kunst der Rezitation weiterzuentwickeln. Wieder einmal aus der Sicht einer nicht näher definierten dritten Person zieht sie in ihrer »Kurzen Skizze meines Lebenslaufs« Bilanz ihrer Theatererfahrungen: Im Pariser Konservatorium hatte sie als Zuhörerin am Unterricht »hervorragender Künstler der Comédie-Française« teilgenommen, in Petersburg hatte sie »Künstler vieler europäischer Kulturländer« bei deren Gastspielen in der russischen Metropole erlebt, das Wiener Burgtheater hatte sie »in der Zeit seiner besten Blüte« kennengelernt.

Dass Maria von Strauch ihr nicht mehr zur Seite stand, betrübte sie sehr. Sie hatte viel von ihr gelernt und hätte ihr gern die Anwendung des Erlernten präsentiert. Maria von Strauch hatte sich zwar seinerzeit zu Maries Verzicht auf die Bühnenlaufbahn verständnisvoll geäußert, doch wird sie auch etwas enttäuscht gewesen sein – nach allem, was sie mit ihr gemeinsam erarbeitet hatte. Mit anzusehen, wie jemand sein Talent brachliegen ließ, war schmerzhaft. Eine Enttäuschung hatte Marie auch der Vortragskünstlerin Serafine Détschy zugefügt, bei der sie in Berlin eine Zeit lang Privatunterricht in moderner Rezitationskunst genommen hatte, um schließlich zu erkennen, dass auch darin nicht ihre künstlerische Zukunft lag.

Auf Verständnis für ihre kritische Haltung stieß sie bei Rudolf Steiner, der sie bestärkte, ihre Arbeit an der Sprache fortzusetzen, »um das rhythmische und plastisch-musikalische Element in der Sprache bewusst zu pflegen und dadurch auf die Kunst der Rezitation reformierend zu wirken«. Marie war froh, endlich einen Partner gefunden zu haben, der ähnliche Ziele verfolgte. Bald erweiterte sich das Gebiet, auf dem sie zusammenarbeiteten um einen neuen »Lebensinhalt«. Zur Anthroposophie gesellte sich dichterische und rezitatorische Kunst.

Aus der gemeinsamen künstlerischen Arbeit am Wort entstanden »Rezitationsbeigaben«, mit denen Marie die Vorträge Rudolf Steiners ergänzte und die mehr und mehr zum gleichberechtigten Teil der Veranstaltungen wurden. Am 7. Mai 1906 war die Premiere: Bei einer Feierstunde zum Todestag Helena P. Blavatskys war die Synthese von Wissenschaft, Kultur und Religion, wie sie in den Mysterien bestand, Thema des Vortrags, den Steiner hielt. Marie gedachte der Gründerin der theosophischen Bewegung mit einer Dichtung des Philosophen Georg Wilhelm Friedrich Hegel: »Eleusis«. Wahrscheinlich war damals schon Maries Plan gereift, Schurés »Heiliges Drama von Eleusis«, das sie bereits ins Deutsche übersetzt hatte, in München aufzuführen.

Weitere Rezitationsbeigaben folgten, darunter die »Geistlichen Lieder« und »Marienlieder« von Novalis.

Für Rudolf Steiner war Novalis ein lebendiger Beweis dafür, »wie die Spiritualität, dieses Sicherheben in die höchsten für den Menschen zunächst erreichbaren geistigen Welten, vereinbar ist mit einem festen praktischen Stehen auf dem Boden der physischen Wirklichkeit«. Marie brauchte eine Zeit lang, um den »Schlüssel zu Novalis« zu finden. Steiners Zugangsweise brachte sie nicht weiter. Erst eine Mariendarstellung des Malers Raffael zeigte ihr den Weg zu dem für sie rätselhaften Dichter der Romantik: »Da auf einmal hellte es sich auf. Raffaels Gestalten umstanden mich. Das Kind leuchtete auf den Armen der Mutter mit seinen weltentiefen Augen. ›Ich sehe dich in tausend Bildern, Maria, lieblich ausgedrückt …‹ Tönendes Weltmeer ringsherum, Farbenharmonien. Jetzt ist mir Novalis ganz durchsichtig.« Seine Werke vorzutragen war für Marie einer der Höhepunkte unter ihren Rezitationsbeigaben. »Novalis zieht einen sogleich hinüber auf die andere Seite des menschlichen Erlebens, da wo der Alltag schwindet, wo das Persönliche abfällt, wo die reine Kraft der anbetenden Liebe ihren Ausdruck finden will«, schwärmte sie in ihrem Vorwort zu Rudolf Steiners Text »Novalis, der Seher und Christuskünder«.

Ein großes Lob für ihre Rezitationskunst sollte ihr einige Jahre später von einem Dichter erteilt werden, den sie sehr schätzte: Christian Morgenstern. Nach einer Matinee, die als Hommage an ihn gedacht war und bei der sie einige seiner Gedichte vortrug, schrieb er einen Brief an das »hochverehrte Fräulein von Sivers«. Er berichtete von seinem Stimmverlust aufgrund einer Krankheit und wie sehr er fürchtete, seine Texte bald nicht mehr selbst vortragen zu können. Als er an die »wunderliche Seligkeit, in der jede wirklich lebensvolle dieser Strophen ins Dasein hatte treten dürfen«, dachte, sei ihm zuerst weh ums Herz geworden. Er war sich sicher, dass »dieser Zustand der Seele«, auf den es ihm ankam, nicht mehr wieder heraufzubeschwören, also unwiederbringlich verloren sein werde, wenn er nicht mehr sprechen könne. Für einen Moment habe er vergessen, dass »das liebevolle Verständnis verwandter Seelen« sehr wohl in der Lage sei, »einen ähnlichen Zustand in sich zu schaffen« aus »Hellfühligkeit« und aus »Wärme für das Kunstwerk«. Daran sei er durch Maries unvergesslichen Vortrag erinnert worden, denn sie sei ihm, »dem ›Einsamen‹ auf sein Eiland willig gefolgt und konnte nun gleichsam mit dessen eigener Stimme die kunstlosen Weisen wiedergeben, die sich dort vorfanden und darboten«.

Christian Morgenstern hatte Rudolf Steiner im Januar 1909 in Berlin kennengelernt und bald mit ihm Freundschaft geschlossen. Er schätzte Steiners Vortragskunst und dieser Morgensterns Dichtkunst: »Ich trage die Welt / in meinem Schoß, / ich bin ja selber die Welt.«

Marie war nicht nur an der Erfindung der »Rezitationsbeigaben«, sondern auch an der Gründung des Mysterientheaters maßgeblich beteiligt. Schon früh hatte sie die Bedeutung der Mysteriendramen Édouard Schurés erkannt, seine Stücke ins Deutsche übersetzt und sich für ihre Verbreitung eingesetzt. Die Aufführung des ersten Mysterientheaters fand am 19. Mai 1907 beim Pfingstkongress in München statt.

Durch Maries maßgebliche Mitgestaltung des Programms wurde bei diesem Kongress der künstlerische Aspekt in den Vordergrund gerückt. Ein Nebeneffekt: Marie knüpfte mit dem von ihr ins Leben gerufenen Mysterienspiel auf originelle Weise an ihre abgebrochene Theaterarbeit an. Diese war stets konfliktbeladen gewesen: nicht nur durch die Missbilligung und das Verbot ihrer Familie, Schauspielerin zu werden, sondern auch durch ihre eigene Ablehnung bestimmter Begleiterscheinungen des Metiers, wie dem Zwang, für sich und die eigene künstlerische Arbeit zu werben. All das hatte sie abgestoßen. Dennoch war ihre Liebe zur Sprache geblieben. Um sie ausleben zu können, bedurfte es eines geschützten Ortes. Den hatte sie nun gefunden.

Rudolf Steiner war auf der Suche nach einer Verbindung des spirituellen Inhalts mit einer künstlerischen Form, die das ausdrückte, was er für ein neues Zeitalter im menschlichen Bewusstsein hielt. Marie initiierte die Aufführung von Schurés »Heiligem Drama von Eleusis«. Innerhalb von sechs Wochen übertrug Steiner, der Schuré und seine Werke erst durch Marie kennengelernt hatte, den Text in freie Rhythmen. Der Kongresssaal wurde dank der eigens angefertigten Kulissen und des stimmungsvollen Bühnenbildes zu einem Mysterienraum, in dem die Mitglieder der Theosophischen Gesellschaft agierten. Die Hauptrolle, die Göttermutter Demeter, wurde von Marie verkörpert.

In einem Brief an Schuré gestand sie, dass sie erschreckt gewesen sei, als ihr Steiner die Rolle der Demeter zugewiesen hatte. Sie hatte sich eher als Persephone gesehen. Sie fügte sich zwar dem Willen des Regisseurs, doch war ihr bewusst, dass sie die mit Abstand schwierigste Rolle bekommen hatte. Schuré äußerte in seinem Antwortbrief zwar auch Bedenken bezüglich der Aufführung seines Mysterienspiels, war aber überzeugt, dass sie eine hervorragende Darstellerin der Demeter sein würde. »Wie Sie bin ich der Ansicht, dass man im Leben mit Mut versuchen muss, das, was man will, zu erreichen, und dann den eingeschlagenen Weg bis ans Ende weiter verfolgen«, ermunterte er sie.

Darüber hinaus ließ er Marie und Steiner »völlige Freiheit des Hinzufügens und Wegstreichens« sowie für notwendige Änderungen, wenn sie »dieses große Abenteuer riskieren« wollten. Sein Vertrauen in die künstlerische Kompetenz der beiden wurde nicht enttäuscht. Nachdem er die Übersetzung des »Chors der unsichtbaren Seligen« aus dem »Heiligen Drama von Eleusis« zum wiederholten Mal gelesen hatte, lobte er die für die Aufführung angefertigte Versfassung und nannte sie »der originalen Prosa weit überlegen«. Er schwärmte: »Durch den stärkeren Rhythmus, durch die präzise und tiefe Gedankenführung gewinnt diese Anrufung an Weite und wird zur wahren heiligen Poesie.« Schuré war glücklich, auf eine Meisterin und einen Meister der Übersetzung getroffen zu sein, die ihm vor Augen führten, was er eigentlich hatte sagen wollen.

Die Art und Weise, in der die Inszenierung von Rudolf Steiner erarbeitet wurde, ist durchaus modern. Erst während der Probenarbeiten brachte er das Drama in freie Rhythmen. Doch hatte er wenig Ruhe für die Arbeit am Text, denn die Vorbereitungen verliefen dramatisch-chaotisch: Von alldem berichtet Marie in der Beilage zu einem Brief an Schuré und offenbart in ihrer Ironie und Treffsicherheit ihr hinreißendes satirisches Talent. Dazu gehört auch die Angewohnheit, über sich selbst in der dritten Person zu schreiben.

Bis zum letzten Moment habe sie nicht gewusst, ob die Aufführung überhaupt zustande kommen werde und ihm deshalb so lange nicht geschrieben, entschuldigte sie sich bei Schuré. Da war zum Beispiel eine junge Frau, die immer wieder Momente der Niedergedrücktheit zu bewältigen hatte. Sie war für die Rolle der Persephone, der Göttin der Unterwelt, vorgesehen. Plötzlich sah man, wie sich der »Funken, der früher in ihr schlafend gelegen hatte«, entzündete und sie immer glücklicher wurde. Wie viele andere Darsteller, die vorher noch nie auf einer Bühne gestanden hatten, kompensierte sie die mangelnde Erfahrung durch Enthusiasmus. Deutlich wurde das an der Entwicklung ihrer Stimme, die zuerst schwach war und »in die Brust herunterrutschte«, um dann mit jedem Tag anzuschwellen und zu wachsen. Allerdings habe man erst kurz vor der Premiere sicher sein können, dass man sie im Zuschauerraum verstehen würde. Das Experiment gelang, sodass die Schauspielerin nicht nur mit sich selbst zufrieden war, sondern »die Allüren einer Prinzessin« entwickelte und beibehielt. »Im Ganzen waren die Proben eine Quelle des Entzückens und der Harmonie für viele«, lautete Maries Fazit.

Nicht so für den jungen Mann, der für die Figur des Triptolemus vorgesehen war. Äußerlich passte er gut in die Heldenrolle, auch an Engagement fehlte es ihm nicht, doch seine Gesten waren »trostlos« und seine Sprache »unfähig jeglichen Aufschwungs«, sodass allein dadurch die Realisation der Aufführung gefährdet war. Es war unvermeidlich, nach einem Ersatz zu suchen, der sich zum Glück schnell fand.

Den Gott Dionysos sollte eine junge Frau spielen, »halb Italienerin, halb Polin«, deren Akzent das gesamte Ensemble erschreckte. So galt es, täglich mit ihr an der deutschen Aussprache zu arbeiten, was erwartungsgemäß Maries Aufgabe war. Für ihre eigene Stimme bedeutete das allerdings eine permanente Überforderung. Durch das ständige Redenmüssen wurde sie immer heiserer und fürchtete schließlich, am Tag der Aufführung keinen Ton mehr herausbringen zu können.

Dem Regisseur ging es nicht viel besser. Unter großen Schwierigkeiten habe Steiner den von ihr übersetzten Text innerhalb eines Monats rhythmisiert, schrieb Marie an Schuré: »Ständig wurde er unterbrochen, man verlangte ihn dauernd. Er ging weg, kam wieder für fünf Minuten, setzte seine dichterische Arbeit fort und ging dann wieder, von einem anderen gerufen.« Darüber hinaus habe er »in allen Künsten und in allen Handwerken gearbeitet, alle angeleitet: Maler, Bildhauer, Musiker, Schreiner, Tapezierer, Schauspieler, Schneiderinnen, Theaterarbeiter, Elektriker ...« Sie war sich sicher: »Wenn er das nötige Material und die Arbeiter zur Verfügung gehabt hätte, so hätte er in kürzester Zeit etwas Fabelhaftes zuwege gebracht: den Tempel der Zukunft. So konnte er nur Ideen skizzieren, aber sie werden befruchtend wirken.«

Obwohl die Zusammenarbeit mit so vielen unterschiedlichen Menschen anstrengend war, wusste Marie die Möglichkeiten, die sich dadurch boten, zu schätzen. So berichtet sie, es habe beim Münchner Pfingstkongress »einen jungen Menschen gegeben, der sich ›mit ganzer Seele hingab den Eindrücken durch Wort und Bild‹«. Ein Jahr später habe sie diesen Menschen wieder getroffen. Es handelte sich um die Holländerin Marie Elisabeth, genannt Mieta, Waller. Die junge Malerin und »Sprachgestalterin« war sehr vermögend und bot Marie an, einen Tempel für die Aufführungen zu bauen, doch Marie erkannte, dass das Geld dafür nicht ausreichte, und schlug ihr stattdessen vor, weitere Inszenierungen von Mysterienspielen finanziell zu unterstützen. Von 1909 bis 1913 fanden jedes Jahr Mysterienfestspiele in München statt: Sie dauerten zwischen sechs und acht Wochen und hatten verschiedene Stücke auf dem Spielplan, 1909 unter anderem Schurés Drama »Die Kinder des Luzifer«, das Werk, durch das Marie Schuré kennen- und schätzen gelernt hatte – zu einem Zeitpunkt, als sie Steiner noch nicht kannte.

Im März 1909 nutzten Marie und Rudolf Steiner eine Vortragsreise nach München, um dort erste Vorbereitungen für die Aufführung der »Kinder des Luzifer« zu treffen. Im Juli begannen die Inszenierungsarbeiten. Marie berichtet: »Herr Steiner hat sich an die Arbeit gemacht, um das Stück in Rhythmen zu bringen, wie er es schon für das Drama von Eleusis getan hat.« Wieder einmal entstand die Bühnenfassung erst bei den Proben. Maries Kommentare offenbaren eine gewisse Unzufriedenheit. Am 31. Juli 1909 schrieb sie an Édouard Schuré: »Wir haben einen Teil des Textes und konnten bisher nur zweimal den ersten Akt proben.« Wieder gab es Probleme bei der Besetzung: Ein Schauspieler erkrankte, ein Ersatz musste so schnell wie möglich gefunden werden.

Am 22. August 1909 um zehn Uhr morgens fand die Festvorstellung des Dramas statt: Mitwirkende waren unter anderem Marie von Sivers, Alice Sprengel, Mieta Waller, Michael Bauer, Max Gümbel-Seiling, Otto Graf Lerchenfeld, Felix Peipers, A. W. Sellin und Karl W. H. Stockmeyer. Die Kulissen wurden von Fritz Hass und Hermann Linde gemalt, die Kostüme von Imme von Eckardstein angefertigt.

Schuré kam erstmalig zur Aufführung seines Stückes nach München – zwei Jahre vorher hatte er es noch nicht gewagt, das »Heilige Drama von Eleusis« anzuschauen. Damals ließ er sich von einem Freund, dem Journalisten Jules Sauerwein, von der Vorstellung berichten. Dieser rühmte die Leistung der Schauspieler, allen voran Marie von Sivers, die der Figur der Demeter mit »wunderbarer Diktion« Würde verliehen habe. 1909 besuchte Schuré die Premiere seines zweiten Stückes und nahm von da an jedes Jahr an den Mysterienspielen teil.

Nach den Aufführungen der beiden Dramen Schurés war Rudolf Steiner auf der Suche nach neuen Stücken, in denen auf künstlerische Weise geistige Wahrheiten enthüllt wurden, wie es seine Intention war. Dabei traf er wieder auf ein Werk, das nicht nur ihn nachhaltig beeindruckt hatte: Goethes »Märchen von der grünen Schlange und der schönen Lilie«. Für Ita Wegman war Steiners Vortrag über dieses Thema, den sie 1902 in Berlin gehört hatte, eine Art Erweckungserlebnis und letztlich der Grund gewesen, sich weiter mit der Theosophie zu beschäftigen.

Steiner entschloss sich, das Märchen in dramatisierter Form auf die Bühne zu bringen, doch bald entwickelte die Arbeit ein Eigenleben. Es begann damit, dass die Namen der handelnden Personen, die in der ersten Fassung noch den Figuren Goethes entsprachen, sich veränderten. Grund dafür war ihre Weiterentwicklung zu eigenständigen Bühnencharakteren, die einen entsprechenden Namen forderten. So wurde aus der »Lilie« die Rolle der »Maria«, verkörpert von Marie von Sivers, und aus »Mensch« die Rolle des »Johannes Thomasius«, verkörpert von Mieta Waller.

Es blieb nicht bei der Weiterentwicklung der Charaktere, auch die Handlung begann sich mehr und mehr zu verselbstständigen, sodass ein originäres Drama entstand. Der Bezug zu Goethes Märchen blieb jedoch erhalten. Am 15. August 1910 wurde Steiners erstes eigenes Mysteriendrama »Die Pforte der Einweihung« uraufgeführt. Marie verkörperte die Maria und hinterließ einen überwältigenden Eindruck, wie Carl Unger, einer der Vorsitzenden der Anthroposophischen Gesellschaft, berichtet: »Wer in den Aufführungen der Mysteriendichtungen vor dem Weltkrieg die Gestalt der Maria in der Darstellung durch Frau Marie Steiner erlebt hat, wird ihr unbegrenzte Dankbarkeit bewahren, denn er konnte durch ihre wahrhaft kongeniale Wiedergabe echte Wahrheitsimpulse fürs Leben gewinnen.« In ihrem Arbeitsbuch notiert Marie Gedanken zu dieser Rolle: »Es kommt an auf das Bewegliche, Bewegende, auf das tätig sich Gestaltende, aber rhythmisch sich Gestaltende, in Melodien sich Gestaltende, also auf das Zeitliche (Ätherleib).« Maries Ziel besteht darin, das Denken zu »läutern, dass wir nicht mehr persönlich denken, sondern die Gedanken in uns denken lassen, so wie wir die mathematischen Gedanken in uns denken lassen«.

Von 1910 bis 1913 kamen vier Dramen Rudolf Steiners bei den Münchner Mysterienspielen zur Aufführung: 1910 »Die Pforte der Einweihung«, 1911 »Die Prüfung der Seele«, 1912 »Der Hüter der Schwelle« und 1913 »Der Seelen Erwachen«. Alle schildern Initiationsreisen von fiktiven Figuren. Steiner wollte sie als moderne Mysterienspiele verstanden wissen und ließ eigene Erfahrungen in die Handlung mit einfließen. Das fünfte Stück, das er bereits skizziert hatte, kam wegen des Kriegsausbruchs nicht zur Aufführung.

Es war Steiners Ziel, beim Entstehungsprozess des Schreibens die Worte unmittelbar aus der Inspiration und dem geistigen Hören entspringen zu lassen. Der Verstand müsse schweigen, das Denken vermieden werden, um zum »seelisch geschauten« Bild, zur Imagination zu gelangen – Maximen, die auch Marie in ihrer Rezitationsarbeit vertrat. Folgerichtig wehrten sich beide gegen Deutungen und Interpretationen, die »vom Verstande aus hineingetragen« oder symbolisch beleuchtet wurden. »Denn das, was in diesen Mysteriendramen lebt, ist bis auf den einzelnen Laut hin imaginativ erlebt. Das Bild steht als Bild da und stand immer als Bild da. Und niemals wäre es mir selber eingefallen, irgend etwas Verstandesmäßiges zugrunde zu legen, um es dann ins Bild umzugestalten.«

Die Unmittelbarkeit des Zugangs zu ihrer Arbeit schätzte Steiner auch bei den Schauspielern. Fast alle Mitwirkenden der Mysteriendramen waren Laiendarsteller. Eine schauspielerische Ausbildung war für Steiner nicht von Bedeutung. Wichtig war vielmehr, dass innerhalb des Ensembles »ein ganz besonderer Gemeinschaftsgeist« entstand. Diesen wünschte er sich nicht nur im Theater, sondern auch bei der anthroposophischen Arbeit und im menschlichen Zusammenleben überhaupt. Er gab zu bedenken: »Wer solche Aufführungen sieht, denkt vielleicht nicht immer daran, dass es lange dauert, bis das, was zuletzt sich dem Auge in wenigen Stunden darbietet, wirklich auf der Bühne steht.« Es widerstrebe ihm, den Probenprozess zu forcieren oder gar »bei dieser Arbeit in irgendeiner Weise zu kommandieren«. Wirklicher Fortschritt sei nur dann möglich, wenn die Mitwirkenden »mit ihrem Herzen voll dabei sind, in ganz anderer Weise, als das auf einem ähnlichen künstlerischen Felde jemals der Fall sein könnte«. Letztlich beziehe sich dieses Voll-dabei-Sein nicht nur auf die wenigen Wochen der aktuellen Probenphase, sondern auf die Einstellung zum Mysterientheater überhaupt, dauere also Jahre.

Sowohl bei den Rhythmisierungen der Dramen Schurés als auch bei seinen eigenen Theaterstücken entstand die

Bühnenfassung buchstäblich in letzter Minute. Bis spät in die Nacht verfasste er die Texte, die am nächsten Tag geprobt werden sollten. Zum Schlafen kam er kaum, doch habe er nie übermüdet gewirkt, wunderte sich Marie, selbst wenn er die ganze Nacht wach gewesen sei. Der Schauspieler und Anthroposoph Alexander Strakosch betont, dass in diesem Fall die Nächte zwar »von intensiver Tätigkeit erfüllt« gewesen seien, jedoch nicht von dem »Übermaß an Arbeit und Sorge«, die Auseinandersetzungen innerhalb der Theosophischen Gesellschaft mit sich brächten. Vielmehr habe ihn »die harmonische Beschwingtheit, welche das künstlerische Schaffen verleiht, wenn es sich wirkend entfalten kann«, umgeben.

Vor der Niederschrift der Stücke entwarf Steiner ein Grundkonzept der Handlung. Der Schauspieler Maximilian Gümbel-Seiling berichtet in seinen Erinnerungen über die Münchner Mysterienspiele, dass Steiner dem Ensemble jeden Morgen zu Probenbeginn das neu entstandene Bild aus seinem Heft vorlas. Das tat er »mit zurückgehaltenem Pathos, aber deutlicher Charakterisierung«. Er gab den Schauspielern sparsame Anweisungen. Wenn er etwas vorspielte, was äußerst selten war, spürten alle, welche Freude es ihm bereitete. seinen Gestalten Haltung, Ton und Gebärde zu verleihen.

Nachdem er das Neuentstandene präsentiert habe, so die Eurythmistin Alice Fels, habe er den »noch druckfeuchten Text« verteilt und ihn so oft lesen und spielen lassen, bis sich die Darsteller aufeinander abgestimmt hätten. Seine Korrektur bestand darin, die betreffende Szene wiederholen zu lassen. Niemals unterbrach oder verbesserte er. Die Agierenden sollten selbst zu ihrem Ton finden. Steiners Regie war ebenso wenig festgelegt wie der Text, wenn er mit dem Proben begann. Sie erwuchs aus dem Ablauf der Probe. Wiederum waren alle Mitwirkenden am künstlerischen Schöpfungsprozess beteiligt – ganz so, wie es die Initiatoren Marie von Sivers und Rudolf Steiner beabsichtigten.

Das Zusammenspiel aller Beteiligten war auch wesentliches Element einer weiteren theosophisch-künstlerischen Initiative, die von Marie und Steiner ins Leben gerufen wurde: die »Kunstzimmer«, aus denen sich später die Weihnachtsspiele entwickelten. Marie lag viel an dieser Einrichtung, die dazu diente, Menschen anzusprechen, die sonst keinen Zugang zu den geisteswissenschaftlichen und künstlerischen Themen gefunden hätten, die sie in den Kunstzimmern anboten. In München wurden die Räume von den beiden langjährigen Mitarbeiterinnen Steiners, den Malerinnen Sophie Stinde und Pauline von Kalckreuth, betreut, in Berlin von Marie von Sivers und Mieta Waller.

»Diese Kunstzimmer waren fürs breite Volk gedacht, als gastfreie Stätten, die nicht nur Wärme und Behaglichkeit, sondern auch Schönheit, Ästhetik und geistige Anregung bieten sollten«, erklärt Marie. Jeden Monat wurde dort eine neue Ausstellung gezeigt: sowohl Reproduktionen klassischer Kunstwerke als auch zeitgenössische Kunst. Am Abend fanden Konzerte, wissenschaftliche Vorträge und künstlerische Rezitationen statt. Die beiden Berliner Kunstzimmer befanden sich in Charlottenburg und Berlin-Ost. Marie berichtet, dass es ihr manchmal schwergefallen sei, nach einem anstrengenden Arbeitstag »bei Nacht und Nebel die weiten Wege in den Osten Berlins mit Untergrundbahn oder Tram zurückzulegen und zuletzt in abgelegenen dunklen Straßen im Schnee zu stapfen«. Doch dadurch habe sie hautnah den Kontrast zwischen der »trostlos steinernen Umgebung der Arbeiterquartiere« und den farbenfrohen Kunstzimmern erfahren, von denen sie hoffte, dass sie ihren Besuchern die Möglichkeit boten, sich wenigstens für eine bestimmte Zeit von der »Last des Alltags« zu befreien und Dinge zu entdecken, »die den Blick fesselten und das Herz erfrischten«.

Tanz als sichtbarer Gesang

Über die Entstehung der Eurythmie, die Marie als »eines der liebsten Geisteskinder Rudolf Steiners« bezeichnet, gibt es unterschiedliche Berichte. So erzählt die russische Malerin und Schriftstellerin Margarita Woloschin in ihrer Autobiografie, deren Titel *Die grüne Schlange* an Goethes Märchen angelehnt ist, sie habe im Mai 1908 in Hamburg Vorträge von Rudolf Steiner über das Johannesevangelium gehört. Nach dem ersten Vortrag – die Reihe bestand aus zwölf Folgen – habe Steiner gefragt, ob sie das gerade Gehörte tanzen könne. »Ich glaube, man kann alles tanzen, was man fühlt«, habe sie ihm geantwortet und ihn damit auf die Idee einer anthroposophischen Tanz- und Bewegungskunst gebracht.

Marie erwähnt ein 17-jähriges Mädchen, das sich nach dem Tod seines Vaters veranlasst sah, etwas zum Lebensunterhalt der Familie beizutragen. Sie wollte sich »einer Bewegungskunst« widmen, »die nicht aus den materialistischen Impulsen der Zeit herausgeholt war«. Für Marie war diese »Lebenstatsache« der Anstoß für die neue Bewegungskunst, die Steiner als »sichtbare Sprache« verstand.

Es handelte sich bei der jungen Frau um Lori Maier-Smits, die als erste Eurythmistin gilt. In ihren Erinnerungen unter dem Titel *Erste Lebenskeime unserer Eurythmie* berichtet sie von einem Besuch bei Rudolf Steiner, der ihr die neue Bewegungskunst nahebringen wollte. Er hatte sie und ihre Mutter nach seinem Vortrag über das Markusevangelium in Basel im September 1912 eingeladen, ihn in dem Landhaus in Bottmingen zu besuchen, das er während seiner Vortragszeit bewohnte. Nach zwei, drei Stunden Unterricht sei Fräulein von Sivers erschienen, das sich ebenfalls dafür interessiert habe. In der ersten Phase wurden »die Grundlagen für Stehen, Schreiten, Laufen, einige besondere Haltungen und Stellungen, viele Stabübungen, das Taktieren und Rhythmushalten« erarbeitet, die in der »lautlichen Ausarbeitung« von Gedichten zum Einsatz kamen. In der zweiten Phase ging es um Wortgliederung, Wortzusammenhänge, Gestaltung der Rede und Strophenaufbau. Die Anzahl der Interessentinnen wuchs, die Kreise, in denen Eurythmie unterrichtet und praktiziert wurde, vergrößerten sich mehr und mehr. Doch die Aktivitäten der begeisterten Lehrerinnen und Schülerinnen wurden durch den Ersten Weltkrieg gebremst, sodass sich Marie verpflichtet fühlte, sie zu unterstützen und dafür Sorge zu tragen, dass die so hoffnungsvoll begonnene Bewegung nicht erstickt wurde. »Diese Aufgabe trat wie schicksalsgemäß mit Selbstverständlichkeit an mich heran«, erklärte sie in ihrem Vorwort zu *Rudolf Steiner, Eurythmie als sichtbare Sprache.* Sie hatte schnell das Potenzial erkannt, das in dieser Bewegungskunst lag. Marie verstand sie als Heilmittel, das »zu den Urkräften, den schöpferischen Kräften der Welt zurückführte« und dadurch »eine ungeheure Wohltat für die Menschheit« bedeutete.

Wenn Marie sich einer Sache annahm, setzte sie sich mit aller Kraft dafür ein. So auch bei der Eurythmie. Ausgehend von ihrer Domäne, der Rezitationskunst, griff sie »befruchtend ein in die Musik« und eröffnete ihr neue Ausdrucksformen. Auch in der Beleuchtungs- und Bekleidungskunst beschritt sie neue Wege. Sie erfand sogar den Namen »Eurythmie« und schlug ihn bereits beim ersten Eurythmiekurs vor, der im September 1912 in Bottmingen für Lori Maier-Smits stattfand. Eurythmie bedeutet so viel wie »Gleich- und Ebenmaß in der Bewegung«. Dazu angeregt worden war sie durch ihre Liebe zur griechischen Antike und durch Gespräche über die Sprachkunst mit dem belgischen Schriftsteller Emile Sigogne, die schon lange vor der Idee der Bewegungskunst stattgefunden hatten. Im Verlauf ihrer Arbeit an der Tanz- und Bewegungskunst kreierte sie eine spezielle Sprechkunst, gründete in mehreren europäischen Ländern Eurythmieschulen und baute einen Sprechchor auf, der in ganz Europa auf Tournee ging.

Es hatte damit begonnen, dass Marie zusammen mit Rudolf Steiner Szenen aus Goethes »Faust I«, »Faust II« und Steiners Mysteriendramen eurythmisch-dramatisch gestaltete. Sie hatte erkannt, dass die Eurythmie dem Drama eine zusätzliche Dimension verleihen konnte, die »sich sonst einer sinngemäßen Ausdrucksform« entzog. Den Versuch, das Eurythmisieren und Rezitieren von derselben Person ausführen zu lassen, gab sie allerdings bald auf. Es war für sie offensichtlich, dass es zweier Darsteller bedurfte, um die beiden Künste gleichberechtigt miteinander in Dialog treten und sich voll entfalten zu lassen.

Marie verstand es als Aufgabe der Eurythmie, wirksame Gesetzmäßigkeiten und Beziehungen in Sprache und Musik durch Bewegung sichtbar zu machen. Die Bewegung entsteht aus dem Bewusstsein der Beziehung des eigenen Körpers zum jeweiligen Raum und zur jeweiligen Zeit. Als Ausdrucksmittel dienen neben der Choreografie Gesten und Farben. Anders als normalerweise beim Tanz stehen bei der Eurythmie nicht die Bewegungen der Beine, sondern die deutlich artikulierten Armbewegungen im Vordergrund.

Tanzgeschichtlich besteht ein Zusammenhang zwischen der Eurythmie und den Tanzreformbewegungen des beginnenden 20. Jahrhunderts, die das klassische Ballett als historisch-erstarrt ablehnten und stattdessen den natürlichen Körper und seine natürlichen Ausdrucksformen auf die Bühne brachten. Ein Protagonist dieser Bewegung war der aus Ungarn stammende Rudolf von Laban, der in München eine Tanzgruppe gründete und auf dem Monte Verità in Ascona Ausdruckstanz unterrichtete. 1913 trat die aus Hannover stammende Mary Wigman in seine »Schule für Kunst« ein. Sie wurde eine der angesehensten Vertreterinnen des rhythmisch-expressiven Ausdrucksstanzes und kreierte, basierend auf Improvisation, unzählige Solo- und Gruppentänze.

In Eurythmieaufführungen, wie sie von Marie von Sivers konzipiert wurden, waren dramatische, epische, lyrische, ernste und komische Werke der Sprach- und Musikdichtung unterschiedlichster Epochen als »beseelte sichtbare Sprache« und »sichtbarer Gesang« zu sehen, aufgeführt von Solisten oder Gruppen. Die Darstellerinnen und Darsteller trugen farbige Gewänder, das Bühnenbild war meist zurückhaltend und arbeitete vornehmlich mit farbigen Lichteffekten. Die künstlerische Eurythmie wurde ergänzt durch die Disziplinen Pädagogische Eurythmie, die bis heute in den Waldorfschulen gelehrt wird, und Heileurythmie, die in der anthroposophischen Medizin zur Unterstützung des Heilungsprozesses angewandt wird.

Goetheanum – das Haus der Sprache brennt

In Phasen der Erschöpfung fand Marie Trost und Ermutigung in der Korrespondenz mit ihrem langjährigen Freund Édouard Schuré und während der jährlichen Reisen mit Rudolf Steiner nach Italien und ins Elsass, wo sie Schuré besuchten. Sie setzte ihre Hoffnung in ihr neues Domizil, eine eigene Spielstätte für die Mysterienspiele, wie sie schon Mieta Waller vorgeschlagen hatte. Die Münchner Spielstätten – vom Schauspielhaus über das Gärtnerplatztheater bis zum Volkstheater – erfüllten zwar ihren Zweck, was die Bühnenausstattung und -technik betraf, doch fehlte ihnen der spirituelle Hintergrund, der als Begleitung der Vorstellungen unerlässlich war. Geplant war ein Gebäude, das zugleich Aufführungsort mit entsprechender Bühne und anthroposophisches Zentrum in Deutschland sein sollte. Dazu wurde in München der Johannes-Bau-Verein gegründet und ein geeigneter Platz in Schwabing nahe der Erlöserkirche erworben. Doch von behördlicher Seite wurden ihnen immer wieder Steine in den Weg gelegt, die schließlich in der Ablehnung des Bauprojekts gipfelten.

Marie sollte mit der frühen Prophezeiung, die sie Ita bei ihrer ersten Begegnung mit auf den Weg gegeben hatte, recht behalten: »Gehen Sie in die Schweiz – unsere ganze Bewegung kommt doch in die Schweiz.« Schweizer Freunde, der Zahnarzt Dr. Emil Großheintz und seine Ehefrau Nelly, boten ihr und Steiner einen Bauplatz in Dornach bei Basel an. Das Ehepaar Großheintz hatte ursprünglich vorgehabt, sich dort eine Villa zu errichten.

1913, ein Jahr vor Kriegsbeginn, wurde mit dem Bau des ersten Goetheanums begonnen. Die Grundsteinlegung erfolgte im September 1913, das Richtfest wurde am 1. April 1914 gefeiert. Marie legte bei der Grundsteinlegung am 20. September im Namen des Vorstands der Anthroposophischen Gesellschaft 13 Rosen, 12 rote und eine weiße auf den Grundstein. »München hatte sich verschlossen, in der Schweiz wurde uns der Bauplatz angetragen, ohne irgend einen Einwand von Seiten der Behörden. Das Schicksal hatte gesprochen. Wir begannen zu bauen«, berichtete Marie. Die Menschen, die gemeinsam an der Errichtung und Ausgestaltung des Goetheanums arbeiteten, stammten aus 17 verschiedenen Nationen.

Im August 1914 hatte in München Rudolf Steiners fünftes Mysteriendrama präsentiert werden sollen, doch der Kriegsausbruch am 1. August verhinderte die Aufführung und machte viele Reisen unmöglich. Der Tag, an dem sie vom Beginn des Krieges erfuhren, blieb für Marie unvergesslich. Mit den Worten »Uns traf der Schlag in Bayreuth« beginnt ihre Erzählung der Ereignisse im *Nachrichtenblatt* für die Mitglieder der Anthroposophischen Gesellschaft. »Es war eine Nachmittagsvorstellung. Kirchhof sang den Parsival. Gleich darauf musste er abreisen, sich stellen.« Sie sei mit »Vertretern verschiedener Nationen« im offenen Auto durch die Nacht gerast. »Fahl die Nacht, geisterhaft.« Von den bewaffneten Brückenwächtern seien sie misstrauisch gemustert worden, was bei ihrem Äußeren nicht überraschte: »zerzaust und ziemlich wild ausschauend in unsern schnell gekauften Wolljacken und Kappen«, und – was das Schlimmste war: »passlos«. Allein der gewinnenden Art und der Liebenswürdigkeit Rudolf Steiners sei es zu verdanken gewesen, dass sie hätten weiterfahren dürfen. Er hatte auf die Frage der Grenzsoldaten, woher sie kommen würden, wahrheitsgemäß mit »Aus Bayreuth« geantwortet, worauf ein Soldat vermutete: »Ah, und das sind wohl Ihre Kostüme?« Nach Steiners bestätigendem »Ja« konnten sie die Grenze unbehelligt passieren.

Marie war froh, den Wirkungskreis der Anthroposophischen Gesellschaft in die neutrale Schweiz verlagert zu haben, doch auch dort waren die Auswirkungen des Krieges zu spüren: Die Bauarbeiten dauerten länger als geplant, insgesamt sieben Jahre, erst im Herbst 1920 konnte das Goetheanum eröffnet werden. Es war aus Holz gebaut, hatte zwei miteinander korrespondierende Kuppeln: Die größere befand sich über dem Zuschauerraum, die kleinere über der Bühne. Um Bühne und Zuschauerraum herum waren die Säulen angeordnet, die die beiden Kuppeln trugen. Deren Bemalung hatte Steiner entworfen und zum Teil selbst ausgeführt. Für Marie stellte sich die Frage, wie man die Energie des Baus in die künstlerische Arbeit am Wort aufnehmen und mit ihrer Hilfe eine Verstärkung der Wirkung erzielen konnte. Damit zusammen hing eine weitere Frage: Welche Kunst verlangte der Bau? Sie war glücklich über diese neuen Herausforderungen. Doch dieses Glück wurde bald getrübt durch den Verlust einer Freundschaft, die sie für unzerstörbar gehalten hatte.

Zu den alltäglichen Begleiterscheinungen des Krieges gehörte das unerwartete Entstehen von Feindschaften. Davon berichtet Andrej Belyj ausführlich in seinen Erinnerungen an das Leben im Umkreis Rudolf Steiners mit dem Titel *Geheime Aufzeichnungen*. Er schildert verschiedene Vorkommnisse aus Dornach: unvermutete chauvinistische und nationalistische Ausfälle innerhalb der Gemeinschaft, die er mutig zurückwies – einmal mit der Standortbestimmung: »In diesem Falle spreche ich nicht als Russe, sondern, sagen wir, als deutscher Pazifist.« Mit seinen Interventionen habe er erreichen wollen, »dass über den Krieg überhaupt nicht gesprochen wurde oder gesprochen wurde im Geiste eines echten Pazifismus; mein Pazifismus war für jedermann sichtbar.«

Im Sommer 1915 publizierte Rudolf Steiner seine Schrift »Gedanken während des Krieges. Für Deutsche und diejenigen, die nicht glauben, sie hassen zu müssen«. Erwartungsgemäß löste sie Missverständnisse, Mutmaßungen und Verleumdungen aus. Marie Steiner nannte es »das groteske Gegenspiel zu dem, was nach dem Kriege in Deutschland als Hetze gegen Rudolf Steiner unternommen wurde. Den einen ist er undeutsch, den andern ist er alldeutsch.« Was sie selbst unvorbereitet traf, waren Angriffe ihres Freundes Édouard Schuré, die sich nicht nur gegen einzelne Passagen aus Steiners Schrift richteten, sondern darin gipfelten, dass er ihr vorwarf, sie habe ihn zum Werkzeug des Deutschtums machen wollen. Dabei bezog er sich auf ein Gespräch, das sie vor fünf Jahren auf einem Spaziergang geführt hatten. Thema war die Frage, welcher

Nationalität die Elsässer zuzuordnen seien. Ihre energisch vertretene Auffassung, dass es sich um Germanen handle, habe ihn damals schon irritiert und verärgert. Doch habe ihm die Diskussion die Augen geöffnet für ihre »geheimen Absichten« und letztlich den »tieferen Grund ihres Wesens« offenbart: »Sie hatten sich eingebildet, aus mir ein Werkzeug des Deutschtums im Elsass machen zu können, ein geschmeidiges und gehorsames Instrument in Ihren Händen.« Triumphierend erklärt er ihr, dass sie sich in ihm gründlich getäuscht habe. Trotz ihres »außerordentlichen Raffinements«, ihrer geistigen Überlegenheit und der »hohen Einweihung«, die sie erhalten habe, sei ihre Herrschsucht stärker als die christliche Liebe. Kurz gesagt, sie sei eine »tadellose Preußin«. Seine Konsequenz bestand darin, aus der Anthroposophischen Gesellschaft auszutreten und sich von ihr und Steiner zu distanzieren.

Für Marie muss eine Welt zusammengebrochen sein. Neben Maria von Strauch, die vor einigen Jahren so plötzlich verstorben war, war Schuré über Jahre ihr zweiter Vertrauter gewesen. Sie hatte ihn über sein Werk entdeckt, von dem sie so beeindruckt war, dass sie es ins Deutsche übersetzt und überhaupt erst für seine Aufführung bei den Mysterienfestspielen gesorgt hatte. Ihr zu unterstellen, sie habe ihn zu einem Werkzeug des Deutschtums machen wollen, war mehr als absurd.

Marie war zutiefst verstört und fühlte sich so schwer getroffen, dass sie drei Tage wie erstarrt dalag, nahezu bewegungsunfähig war. Lange noch habe sie mit Nachwirkungen wie Lähmungserscheinungen zu kämpfen gehabt, sodass sie zur Fortbewegung einen Rollstuhl benötigte. Einen »Wahnsinnsanfall« nannte sie Schurés Vorwürfe. Steiner war erbost und äußerte sich im August 1916 in einem Vortrag so deutlich, wie er es selten tat, ohne jedoch Schurés Namen zu nennen. Er bezeichnete ihn als einen »sehr angesehenen Schriftsteller«, welcher »seitenlang schreibt über Tatsachen, die es gar nicht gibt«. Um seine »Attacken auszuführen«, habe er den Weg über Frau Dr. Steiner gewählt und ihr Eigenschaften zugeordnet, die jeglicher Grundlage entbehrten. Er erinnerte daran, dass dieser Schriftsteller, »dem man unendlich nahe stand«, von ihm, aber besonders von seiner Frau über Jahre gefördert worden sei. Man habe genau das Gegenteil von dem getan, was er ihnen jetzt vorwerfe. Steiner äußerte eine gewisse Ratlosigkeit: »Da standen wir also, meine lieben Freunde, durch Jahre bemüht, ehrlich durchzuführen dasjenige, was die eine Kulturströmung in die andere hinüberführt, was Friede und Einklang bringt zwischen den einzelnen Kulturströmungen.« Dabei spielte er unter anderem auf Maries Übersetzerinnentätigkeit an. Er könne sich nicht entscheiden, ob das Verhalten des Schriftstellers »aus Wahnsinn entsprungen« sei oder eine besonders perfide Art der Beschuldigung darstelle, um Marie und ihn selbst zu vernichten. Am Schluss seines Vortrags verkündete er, »dass das Maß voll geworden ist und dass Frau Dr. Steiner von ihrem Posten im Zentralvorstand und ihren übrigen Ämtern zurücktritt und sich künftig in einer spirituellen Tätigkeit, in der Richtung, wie sie es schon getan hat, der Gesellschaft widmen will«.

Das Zerwürfnis mit Schuré sollte jedoch nicht das einzige verhängnisvolle Ereignis sein, das Marie und Rudolf Steiner traf – noch bevor das Goetheanum ganz seiner Bestimmung zugeführt werden konnte. Im September 1919 wurden die Gerüste abgebaut, am 26. September fand die »Eröffnungshandlung« statt, bei der es seine Weihe erhielt. Steiner hatte für diesen Anlass die Rede des Hilarius Gottgetreu aus seinem Mysteriendrama »Der Hüter der Schwelle« extrahiert und bearbeitet, die Marie von der Orgelempore herab rezitierte. Bei der Eröffnung des zweiten anthroposophischen Hochschulkurses am 3. April 1921 trug sie denselben Text noch einmal vor. Des Weiteren bot das Ehepaar Steiner gemeinsame Veranstaltungen an, unter anderem zur »Kunst der Deklamation«, bei der Rudolf Steiner für die Theorie und Marie für die Praxis zuständig war. Der erste Kurs über Sprachgestaltung im Sommer 1922 fand großes Interesse und ermutigte Marie und Rudolf Steiner, sich wieder verstärkt den Mysteriendramen zu widmen. Sie planten, alle vier Werke Steiners im Sommer 1923 im Goetheanum aufzuführen.

Trotz zunehmender Querelen innerhalb der Anthroposophischen Bewegung, die zu Ausschlüssen und Austritten führten, war Marie zuversichtlich und setzte alle ihre Hoffnungen in das Goetheanum, »ein Werk unsagbarer Schönheit«, das Rudolf Steiner als »Haus der Sprache« bezeichnete. »Alle Künste hatten dort eine Heimstätte gefunden und Wissenschaft und Mysterienweisheit. Die Synthese von Kunst, Wissenschaft und Religion war wieder vollzogen«, schwärmte Marie. Für sie und ihre Kunst hatten sich neue Perspektiven aufgetan.

Doch am 31. Dezember 1922 wurden all ihre Pläne zunichtegemacht: Der Tag verlief zunächst unspektakulär: Um 17 Uhr stand eine Eurythmievorstellung, um 20 Uhr ein Vortrag auf dem Programm. Steiner verließ das Goetheanum anschließend gegen 21:30 Uhr und machte sich auf den Weg zum nahe gelegenen Haus Hansi, in dem er zusammen mit Marie lebte. Kurz nach 22 Uhr wurde von den Nachtwächtern, die Rauch im Weißen Saal des Südflügels bemerkt hatten, Brandalarm ausgelöst. Die vor Ort lebenden Anthroposophen eilten zum Brandherd, um unter der Leitung von Rudolf Steiner beim Löschen zu helfen. Eine Dreiviertelstunde später kamen freiwillige Feuerwehren aus der Umgebung und die Berufsfeuerwehr aus Basel zu Hilfe. Das sehr trockene Holz des Goetheanums bot dem Feuer ideale Nahrung, die schweren Glasfenster zerbarsten, gegen Mitternacht schlugen die Flammen aus der Kuppel und lieferten ein schaurig-faszinierendes Schauspiel. Das Goetheanum brannte lichterloh – es war nicht mehr zu retten. Der Feuersturm vernichtete das Gebäude beinahe vollkommen, und am Morgen standen nur noch die Bauteile aus Beton, alles Holz war zu schwarzer Asche verbrannt.

»Als mir geschildert wurde, in welch unheimlicher Pracht und Schönheit die Säulen aufloderten, in deren Feuer die zischende Farbenglut der metallenen Musikinstrumente sich ergoss, bevor sie stürzten, konnte ich nur bitten: Hört auf! Ich wäre daran gestorben«, heißt es in Maries Erinnerungen *Aus Rudolf Steiners Leben und Tod.* Sie war nicht wie alle anderen den Hügel hinaufgestiegen, denn »die Füße versagten ihren Dienst« und zwangen sie, zu Hause zu bleiben. Das Fußleiden, mit dem sie schon früh zu kämpfen hatte, war mit den Jahren immer schlimmer geworden und hatte zu Lähmungen und Muskelschwund geführt, sodass sie zeitweise Beinschienen tragen und im Rollstuhl sitzen musste. Daher erlebte sie das katastrophale Ereignis aus der Entfernung.

Die Augenzeugenberichte über Rudolf Steiners Verhalten angesichts des Desasters gehen weit auseinander. Während sein Mitarbeiter Guenther Wachsmuth von der Güte und Kraft Steiners spricht, die ihm und den anderen Helfern »die Kraft des Ertragens« gab, berichtet Ita, dass sie ihn vor einem drohenden Zusammenbruch bewahrt habe.

Die Eurythmistin Ilona Schubert schildert in ihrem Buch *Selbsterlebtes im Zusammensein mit Rudolf Steiner und Marie Steiner,* wie sie in der Pension Schiefer zusammen mit anderen Gästen Silvester feierte, als überraschend ein Anruf von Rudolf Steiner eintraf, in dem er die Anwesenden aufforderte, zum Goetheanum zu kommen, weil es dort brenne. Er bat sie, Schwämme und Essig mitzubringen. Angekommen beim Weißen Saal, versuchten sie zu retten, was zu retten war, räumten ihre Garderoben, die Bücherei und die Tischlerei aus und rissen den Bühnenvorhang herunter. Sie konnten nicht verhindern, dass die Noten und die kostbaren Instrumente auf der Orgelempore Opfer der Flammen wurden. Eine Menschenkette hatte sich gebildet, unermüdlich wurden Wassereimer von der Schreinerei bis zum Goetheanum weitergereicht, doch es war aussichtslos. Um sieben Uhr morgens sei sie erschöpft, »restlos zerschlagen« und verschmutzt mit einigen Mitbewohnern nach Hause gegangen, um Kaffee zu trinken und sich zu stärken. Als sie zum Brandort zurückgekommen seien, habe Rudolf Steiner gesagt: »So furchtbar, so viel Arbeit, alles zerstört.« Seinen traurigen Blick werde sie nie vergessen.

Auch Madeleine van Deventer war in der Brandnacht zu einer Silvesterfeier eingeladen, als sie dort Rudolf Steiners Anruf erreichte: »Das Goetheanum brennt. Bitte mit allen verfügbaren Minimaxen hinaufkommen.« Dass diese kleinen Handfeuerlöscher nichts würden ausrichten können, war ihr von Anfang an klar. Für Madeleine van Deventer war der Brand »das einschneidendste Erlebnis« ihres Lebens. »Kein Tag vergeht, ohne dass die Bilder dieser Nacht vor einem auferstehen.« Sie betrachtete das Goetheanum als »lebendes Wesen, teurer als irgendein menschliches Leben. Sein Verlust machte uns heimatlos.«

Das Bild der Katastrophennacht, das für sie unvergesslich blieb und »besonders deutlich vor der Seele« stand, zeigte den lange Zeit unbeweglich in die Flammen blickenden Rudolf Steiner. Neben ihm stand ebenso erstarrt Ita, die ihn später, wie Madeleine van Deventer berichtet, ins Helene-Finckh-Häuschen begleitete. In diesem Haus, das sich neben der Schreinerei befand, pflegte die Stenografin Helene Finckh ihre Texte zu bearbeiten.

Ita hat die Vorkommnisse der Brandnacht zwölf Jahre später ausführlich in ihrem Notizbuch geschildert. Sie betont Steiners Sorge um die Menschen, die sich im Goetheanum befanden. Um sicherzugehen, dass sie alle einen Weg ins Freie gefunden hatten, rief er laut ihre Namen. Nachdem man hatte einsehen müssen, dass das Goetheanum nicht zu retten war, konzentrierte man sich auf die Schreinerei, um wenigstens sie vor dem Feuer zu bewahren. Die wertvollen Unterlagen aus Steiners Atelier und dem Archiv wurden in Sicherheit gebracht. »Dr. Steiner sah man überall, bald war er auf dem Gelände, das er in allen Richtungen durchlief, bald in der Schreinerei, immer mit tief traurig-ernster Miene ohne Aufregung, sich voll bewusst, was mit dieser Arbeit der Menschheit verloren gegangen ist«, erinnerte sich Ita. »Dieser Bau war einzigartig und barg in seinen Formen und Bildern die ganze Welt – und Menschheitsentwicklung.« Außerdem übte er einen unvergesslichen Einfluss auf Menschen aus, die empfänglich waren für künstlerische Impulse. Dazu trug die innere Ausstattung bei: die Wand-, Decken- und Glasfenstermalerei, die Skulpturen und die Säulen. Die Künstlerin, die maßgeblich daran beteiligt war, Edith Maryon, musste mit ansehen, wie das Werk, in das sie so viel Arbeit und Energie investiert hatte, in Flammen aufging. Bereits zehn Jahre zuvor war die gebürtige Engländerin nach Dornach gekommen, um am Bau des Goetheanums mitzuwirken. Dazu gehörten Entwürfe zur Dachkonstruktion und Holzschnitzereien, die von Steiner hoch geschätzt wurden. All das wurde nun innerhalb kürzester Zeit unwiederbringlich zerstört – eine Katastrophe, die bei der Bildhauerin, die ohnehin von labiler Gesundheit war, zu einer schweren Erkrankung führte, an der sie eineinhalb Jahre später starb.

Auch Rudolf Steiner sei in dieser Nacht gefährdet gewesen, angesichts der infernalischen Tragödie zu kollabieren, wie Ita später Madeleine van Deventer gestand. Dank ihrer Hilfe und Unterstützung habe er jedoch die Krise überstanden. Gemeinsam hatten sie dem massiven Angriff auf ihre physische und psychische Existenz getrotzt. Ita hatte ihr Versprechen vom Münchner Pfingstkongress ein weiteres Mal gehalten: »Ich bleibe bei Ihnen.« Damit hatte sie ihren ersten Eindruck »Allein stand er da« korrigiert. Er war nicht allein, solange sie neben ihm stand.

Die genaue Brandursache konnte nicht ermittelt werden. Gegenüber der Presse äußerte Rudolf Steiner, dass es sich um Brandstiftung gehandelt habe.

Späte Nähe

Ita Wegmans Bekenntnis bedeutete zwar, dass sie als Schülerin bei Rudolf Steiner bleiben würde, schloss jedoch eigene Wege nicht aus. Während sie ihre ärztliche Weiterbildung verfolgte, beobachtete sie von Weitem seine Aktivitäten: die Vortragstätigkeit, die Aufführungen der Mysteriendramen, den Bau des Goetheanums.

In ihren Notizen aus dem Jahr 1919 heißt es: »Kriegsende. Goetheanum fertig. Mein Entschluss, nach Dornach zu kommen.« Anfang 1921 verlegte sie ihre ärztliche Praxis von Zürich nach Basel, wo sie im Haus Blumenrain passende Räume und somit einen günstigen Standort fand, um sich in Dornach oder Arlesheim nach einem geeigneten Klinikgebäude umzuschauen. Mithilfe ihres väterlichen Erbes von 95 000 Franken – der Vater war 1917 gestorben – erwarb sie ein »kleines Häuschen in einem schönen Garten« am Pfeffingerweg 1 in Arlesheim. Das Anwesen hatte ihr von Anfang an gefallen: ein großer verwunschener Garten mit einem blühenden Apfelbaum. Wie es ihre spontane Art war, hatte sie einfach geläutet und der Besitzerin, die ihr öffnete, von ihren Plänen erzählt. Diese hatte allerdings nicht vor, das Haus zu veräußern.

Doch wenige Monate später änderte sie ihre Meinung und verkaufte es an einen anderen Interessenten, der es nach kurzer Zeit zurückgab, sodass Ita ein zweites Mal nachfragte – diesmal mit Erfolg.

Im Juni 1921 eröffnete Ita in Arlesheim unweit des Goetheanums die weltweit erste anthroposophische Klinik. Ihr Kommentar: »Ich musste aus eigener Kraft jetzt das tun, was mein Wesen mir sagt zu tun.« Rudolf Steiner suchte die Klinik in den ersten Jahren fast täglich auf. In ihrem Aufsatz »Rudolf Steiners Wirken für die Erweiterung der Heilkunst« berichtet Ita von seinem ersten Besuch, der ihr unvergesslich geblieben war. Sie hatte das Landhaus für ihre Belange umgebaut, sodass 12 bis 15 Patienten darin Platz hatten. »Mit klopfendem Herzen zeigte ich ihm die Zimmer, die in den verschiedenen Farben gemalt waren, das Behandlungszimmer, die Veranden, was wird er sagen?« Als sie in der obersten Etage angelangt waren, die offene Veranda betraten und den Ausblick auf die Vogesen genossen, habe er ihr die Hand gegeben und verkündet, dass er mit ihr arbeiten wolle. Es bereite ihm Freude, dass sie ihr Vorhaben realisiert habe, dem er den Namen »Klinisch-Therapeutisches Institut« gab.

Als Frau der Tat stürzte sich Ita sofort in ihre medizinisch-therapeutische Arbeit, die sie stark beanspruchte, sodass sie ihren Plan, die Geschichte der Klinik schriftlich festzuhalten, vernachlässigte. Ihre Intention formulierte sie in ihrem ersten Prospekt: »Der Kranke wird in diesem Institut nicht etwa gegen die heutige Medizin, sondern im Sinne einer Erweiterung derselben behandelt.« Keine einseitigen Behandlungsmethoden, »wie sie üblich sind in der Allopathie, Homöopathie oder dem Naturheilverfahren«. Es werde nach »Allseitigkeit« gestrebt, sowohl in der Diagnose wie in der Therapie. Das »seelische Denken, Fühlen und Wollen« werde berücksichtigt, ohne außer Acht zu lassen, »dass Krankheiten im physischen Organismus ihr Dasein haben«. Jede »nebulöse Mystik« liege ihr fern.

Hilma Walter, die von Anfang an dabei war, hat den Eröffnungstag geschildert, an dem sie aufgeregt auf Steiner warteten. Bereits einige Male hatten sie den Termin verschoben, weil sie das Institut noch nicht für »empfangsbereit« hielten. Als es endlich so weit war, spürte sie seine große Freude und empfand seinen Besuch als »Segnung«. Auch praktisch unterstützte er das Unternehmen, indem er einen Prospekt dazu entwarf, Texte verfasste und eine Vignette zeichnete. Seine Zusage, gemeinsam mit Ita Wegman zu arbeiten, hielt er ein. Er nahm an ihren Sprechstunden im »blauen« Zimmer teil und diskutierte mit ihr die Krankheitsbilder und Therapiemöglichkeiten, nachdem er sie bei ihren Visiten begleitet hatte.

Itas Mitarbeiterin der ersten Stunde war neben Hilma Walter auch Marianne Bockholt (nach ihrer Heirat Kirchner-Bockholt), zwei Frauen, die wie Ita Wegman ihren eigenen Weg beschritten hatten und dabei auf Widerstand gestoßen waren. Die 1893 in Heidelberg geborene Hilma Walter hatte gegen den Willen ihrer Familie Medizin studiert und sich früh der Anthroposophie zugewandt. Nach erfolgter Approbation nahm sie Itas Angebot an, mit ihr in der neuen Klinik zusammenzuarbeiten. Die ein Jahr jüngere, aus dem nordrhein-westfälischen Dülmen stammende Marianne Bockholt kam 1922 dazu. Als erste anthroposophische Ärztin war sie – von Marie Steiner – in Eurythmie ausgebildet worden und praktizierte an ihrem neuen Arbeitsplatz Heileurythmie. »Es wäre ganz falsch, sich vorzustellen, dass ein Lernen unter den Anleitungen eines solchen Lehrers für uns junge Menschen ohne Überraschungen und Seelenprüfungen vor sich ging«, bekannte sie. Sie selbst war überrascht, dass Rudolf Steiner nie »die unmittelbare Übertragung der eigenen Kraft, also die in einer gewissen Weise magische Heilung« praktizierte. »Er wollte nicht das einmalige Phänomen eines Heilenden darbieten, sondern eine Schule begründen; alle Heilmethoden, die er angab, waren überschaubar und lernbar.«

Gemeinsam mit Ita erforschte Steiner neue Wege der Heilmittelherstellung. Sie arbeitete weiterhin an einer neuen Therapie der Krebsbehandlung, mit der sie sich schon in Zürich auseinandergesetzt hatte. Bereits 1917 hatte sie das Mistelpräparat Iscar verwendet und des Öfteren gute Erfolge damit erzielt, die sie hoffen ließen. In einem Konzept, das sich unter ihren Aufzeichnungen befindet, äußert sich Ita zur Wirksamkeit der Mistel. Die Pflanze habe deshalb so »große Heilkraft, weil sie eine in ihrer Entwicklung stehengebliebene Pflanze ist; aber auch weil sie einer anderen Entwicklung folgt als die anderen Pflanzen«. Sie ziehe ihre Nahrung nicht direkt aus der Erde, sondern »parasitenmäßig aus anderen Pflanzen«.

Sie sei beschäftigt mit »einem Krebsmittel, das im Augenblick durch viele Doktoren in Deutschland und in der Schweiz ausprobiert wird und gute Resultate zu geben scheint«, schrieb sie einer vermögenden holländischen Dame, die mit ihrer Mutter gut bekannt war. Der Entwurf des Briefes ist in einem ihrer Notizhefte enthalten. Sie weist auf ihre florierende Praxis hin, die es bald erforderlich machen werde, sich ein Auto anzuschaffen. Doch das Geld dafür – 10 000–15 000 Gulden – habe sie nicht zur Verfügung, da sie ihr väterliches Erbe komplett dazu verwandt habe, das Haus in Arlesheim zu kaufen und umzubauen. »Ich musste dieses tun, um endlich einmal Ruhe zu haben vor dem Zwang, immer umziehen zu müssen, nachdem ich mich mit Mühe, Zeit und Geld ordentlich eingerichtet hatte.« Ita kreierte eine ungewöhnliche Form des »Bettelbriefs«, indem sie die Rolle der Bittstellerin vermied. Stattdessen setzte sie auf Engagement und Begeisterungsfähigkeit. Sie wollte den Menschen, die sie um Unterstützung bat, die Überzeugung vermitteln, bei einer grandiosen, bahnbrechenden Erfindung dabei zu sein. »Sie werden sich vielleicht wundern über meinen Unternehmungsgeist«, räumte sie ein, »aber es geht mir auch gut, und wenn ich gesund bleibe, hoffe ich, noch viele nützliche Dinge zu tun und anzufangen.« Inwieweit sie mit ihrer Bitte um finanzielle Unterstützung Erfolg hatte, ist nicht bekannt. 1926 entwickelte ein Forscherteam auf Basis von Iscar ein zuverlässiges Medikament, das den Namen Iscador bekam und bis heute Anwendung in der Krebstherapie findet.

Dass die Zahl ihrer Patientinnen und Patienten rasch wuchs, war der Unterstützung Steiners geschuldet. Seine Mitwirkung bei der Behandlung übte eine große Anziehungskraft aus. Im ersten halben Jahr wurden 100 Patienten aus 69 verschiedenen Ländern verzeichnet. Im April 1922 war Ita in der Lage, den Suryhof, ein kleines Landgut bei Arlesheim, zu kaufen. Es war ursprünglich dazu gedacht, dort weitere Patienten unterzubringen und Mitarbeiter wohnen zu lassen. Weiterhin wurde dort Landwirtschaft betrieben, Gemüse angepflanzt und ein Kräutergarten angelegt. Aus dem Suryhof wurde bald Haus Sonnenhof, das erste heilpädagogische Institut für seelenpflege-bedürftige

Kinder. Ita Wegman hatte erkannt, dass für Kinder und Jugendliche mit Entwicklungsstörungen neben der medizinischen Fürsorge auch heilpädagogische Unterstützung notwendig war. Rudolf Steiner erkannte die Bedeutung ihres Projekts, stellte 1924 in seinem »Heilpädagogischen Kurs« einige Kinder aus dem Sonnenhof vor und manifestierte damit die Bedeutung des Heims für die anthroposophische Pädagogik.

Für Ita war die Betreuung und Förderung seelenpflegebedürftiger Kinder ein besonderes Anliegen, hatte sie doch seit frühester Kindheit Erfahrung damit gesammelt. Sie war mit einem seelenpflege-bedürftigen Kind, ihrem drei Jahre jüngeren Bruder Manta, aufgewachsen und hatte sich intensiv um ihn gekümmert. Im Alter von 27 Jahren kam Manta in ein Heim in Rotterdam und wurde dort bis zu seinem Tod im Jahr 1927 gepflegt. Die enge Beziehung zu ihrem Bruder hatte dazu geführt, dass sie ein selbstverständliches Verhältnis zu Menschen mit Behinderung entwickelt hatte und dementsprechend mit ihnen kommunizierte. Sie mochte die Kinder im Sonnenhof, und die Kinder mochten sie. In den folgenden Jahren beteiligte sie sich an der Gründung weiterer eigenständiger heilpädagogischer Institute für schwerstbehinderte Kinder und Jugendliche. 1928 rief sie zusammen mit Kolleginnen und Kollegen in Hamburg und Berlin den »Verein für soziale Hilfe« ins Leben, der eng mit städtischen Fürsorgeämtern kooperierte.

Ita Wegman verstand die anthroposophische Medizin als Teil der »Natur-Wissenschaft« im Sinne von Wissenschaft von der Natur und als »Erkenntnis-Medizin« im Sinne von evidenzbasierter Medizin. Als anthroposophische Ärztin hatte sie den Anspruch, den ganzen Menschen mit seinen individuellen körperlichen, seelischen und geistigen Aspekten zu behandeln. Voraussetzung dafür waren eine geschulte Wahrnehmungsfähigkeit und ein Bewusstsein für die pharmazeutischen Prozesse bei der Heilmittelherstellung. Beides versuchte sie ihren jungen Kolleginnen und Kollegen nahezubringen. Doch vor allem war es unerlässlich, für die Therapie den ganzen Menschen in seiner aktuellen Lebenssituation vor dem Hintergrund seiner Lebensgeschichte zu erfassen und das »Willens-Ich« des Erkrankten zu aktivieren, wie Madeleine van Deventer berichtet. Sie bewunderte Itas Fähigkeit, »ins Stocken« geratene Lebensläufe wieder in Bewegung zu bringen, die Erkrankten aus beengenden Verhältnissen herauszulösen und neue Möglichkeiten der Lebensgestaltung anzubieten. Peter Selg bekräftigt, dass Ita Wegman »um die hohe pathogene Bedeutung des ungelebten Lebens« wusste. Nicht nur das Erlebte selbst, sondern auch das Versäumte konnte zu psychischen und physischen Irritationen bis hin zu schweren Krankheitssymptomen führen. Gerade Frauen waren zur damaligen Zeit dazu verdammt, Fähigkeiten und Talente brachliegen zu lassen, weil deren Entfaltung nicht zum gängigen Frauenbild des ausgehenden 19. und beginnenden 20. Jahrhunderts gehörte. Sowohl Ita als auch Marie hatten sich schon als junge Frauen davon befreit und ihren eigenen Weg gesucht und beschritten, wie Ita es formuliert hat: »Ich musste aus eigener Kraft jetzt das tun, was mein Wesen mir sagt zu tun.« Den Zugang zu ihrem Willen freizulegen und sie zu ermutigen, danach zu handeln, gehörte zu den wesentlichen Elementen der Heilkunst Ita Wegmans.

Neben der Arbeit mit den Patientinnen und Patienten in ihrem Institut war sie nach wie vor engagiert in Fragen der Heilmittelherstellung und pflegte einen intensiven

Austausch mit Medizinern und Chemikern. 1922 war sie beteiligt an der Gründung der Weleda AG. Doch das hoffnungsvolle Jahr 1922, in dem sie sowohl ihre speziellen Therapien anwenden als auch ihre wissenschaftlichen Kooperationen weitertreiben konnte, endete mit der Zerstörung des Zentrums, um das herum sich ihre Arbeit bewegte.

Nach dem Brand des Goetheanums in der Silvesternacht 1922/1923 schlossen sich Ita und Rudolf Steiner eng zusammen. Was sie unter anderem verband, war der Entschluss, nicht aufzugeben, sondern weiterzumachen. Im März 1923 entwarf Steiner ein neues Goetheanum und stellte das Modell dafür her. Ita engagierte sich tatkräftig für die Realisierung des Baus, indem sie eine Spendenaktion initiierte. Doch vor allem betrachtete sie es als ihre Aufgabe, Steiner beizustehen. Gemeinsam leiteten sie nach der »Weihnachtstagung« – sie fand vom 24. Dezember 1923 bis zum 1. Januar 1924 statt –, bei der die Allgemeine Anthroposophische Gesellschaft gegründet wurde, die »Erste Klasse« der ebenfalls neu gegründeten Freien Hochschule für Geisteswissenschaft am Goetheanum. Darüber hinaus wurde Ita Mitbegründerin und Leiterin der Medizinischen Sektion der Freien Hochschule für Geisteswissenschaft. Sie nutzte diese Funktion, um zahlreiche medizinische und heilpädagogische Einrichtungen weltweit zu initiieren und zu unterstützen.

Ita und Rudolf Steiner entwickelten ein Buchprojekt, an dem sie gemeinsam arbeiteten: das medizinisch-anthroposophische Grundlagenwerk mit dem Titel *Grundlegendes zur Erweiterung der Heilkunst nach geisteswissenschaftlichen Erkenntnissen.* Vormittags trafen sie sich in seinem Atelier und diskutierten anhand der Krankheitsfälle, die sie bisher behandelt hatten, die Themen des Buches. Auf diese Weise entwickelten sie die Dramaturgie. Steiner nahm an Itas nachmittäglichen Sprechstunden in der Klinik teil, anschließend begaben sie sich wieder in sein Atelier. Nachdem er ihr seine Ausführungen zu einem bestimmten Thema vorgestellt hatte, fertigte sie zu Hause ein vorläufiges Manuskript an, in das sie ihre Patientenprotokolle integrierte. Es entstand zwischen Oktober 1923 und August 1924. »Mein Teil an dem Buch war mehr das Praktische, die Behandlung der Patienten, das Verständnis, das ich in dieser Art der Wissenschaft entgegenbrachte, in der doch weniger Kompromiss war als in der früheren Medizin«, erklärte Ita. Steiner bewunderte ihre Fähigkeit, »Geistiges konkret zu denken«, und ihre völlige Unabhängigkeit von Äußerlichkeiten, zum Beispiel was das Wohnen betraf. Da war sie gänzlich anspruchslos. Schon seit drei Jahren übernachtete sie auf der Untersuchungsliege neben ihrem Schreibtisch. Weil er fand, dass sie unbedingt einen eigenen Wohnraum für sich haben musste, entwarf Steiner ein kleines Holzhaus und ließ es auf dem Gelände ihrer Klinik errichten. Heute beherbergt das Holzhaus das »Ita Wegman Institut«. Das gemeinsame Werk *Grundlegendes zur Erweiterung der Heilkunst nach geisteswissenschaftlichen Erkenntnissen* erschien 1925.

Im August 1923 wurde Steiner eingeladen, auf einer pädagogischen Tagung in Ilkley, York, und anschließend bei der zweiwöchigen »Summerschool« in Penmaenmawr, Nordwales, zu referieren. Ita nahm an den letzten Tagen der Summerschool teil und wurde von Steiner als Leiterin des Klinisch-Therapeutischen Instituts und begnadete Ärztin vorgestellt, die über etwas Wichtiges verfügte: den »Mut des Heilens«, den er schon des Öfteren erwähnt und bewundert hatte.

Die enge Beziehung zwischen Ita und Steiner bot in ihrem Umfeld erwartungsgemäß Stoff für Mutmaßungen jeglicher Art, allen voran die Annahme einer Liebesbeziehung. Sie kannten sich seit 20 Jahren: Aus einem Schülerin-Lehrer-Verhältnis hatte sich eine Arbeitsbeziehung auf Augenhöhe entwickelt. Für beide schien eine Trennung zwischen Leben und Arbeit undenkbar, mit ihren Gefühlen gingen sie ebenso großzügig um wie mit ihren Kenntnissen. Die Briefe aus diesem Zeitraum zeigen das deutlich. Ein beeindruckendes Bild ihrer Beziehung liefert Norbert Glas, der betont, Steiner noch nie »in ähnlicher Weise« gesehen zu haben: »Er blickte mit einem unendlich liebevollen Blick auf sie. Er kam mir in dem Augenblicke vor wie ein Vater, der mit Bewunderung und ritterlicher Verehrung auf seine erwachsene Tochter sieht und gleichzeitig auch stolz auf sie ist.«

Pfingsten 1924 ging Rudolf Steiner auf Vortragsreise nach Koberwitz, heute Kobierzyce, bei Breslau. Er wohnte im Schloss Carl von Keyserlingks, wo er auch seinen Kurs über geisteswissenschaftliche Gesichtspunkte einer zukünftigen Landwirtschaft abhielt. Da Ita Wegman ihn diesmal nicht begleiten konnte, führten die beiden eine intensive Korrespondenz, von der allerdings nur die Briefe Steiners erhalten sind. In ihnen bedauert er, dass sie nicht bei ihm sein könne, und versichert ihr, dass er »unerlässlich« auf ihren esoterischen Fortschritt bedacht sei. Als Anrede wählt er ihren Mysteriennamen Mysa-Ita.

Anscheinend hatte Ita sich in einem ihrer Briefe an ihre gemeinsame Geschichte erinnert und bedauert, nach der Münchner Pfingsttagung im Jahr 1907, bei der sie sich rückhaltlos zu ihm bekannt hatte, eigene Wege gegangen zu sein und seine Aktivitäten eine Zeit lang nur aus der Ferne beobachtet zu haben. Steiner entlastete sie in seiner Antwort vom 11. Juni 1924: »Du schiedest einstmals von mir zu einem umfassenden Tatenleben«, erinnerte er sich. »Du gingest an eine Verwirklichung in Deiner Art. An eine Verwirklichung, die gar nicht anders stattfinden konnte als so, dass Du manchen Menschen Unrecht tatest.«

Doch das sei eben die »notwendige Konsequenz manches Großen« gewesen, die er akzeptiert habe. Ein wenig schwingen Rilkes Verse aus dem »Requiem für eine Freundin« mit, in denen er bekennt: »Wir haben, wo wir lieben, ja nur dies: / einander lassen; denn daß wir uns halten, / das fällt uns leicht und ist nicht erst zu lernen.« Steiner gibt zu, damals einen großen Verlust verspürt zu haben: »Die Jugend, die in Dir an meiner Seite stand, ward von mir genommen.« Doch die nun verspürte Nähe mache alles wieder gut.

Im Herbst 1924 war es unübersehbar, dass Rudolf Steiner gesundheitlich schwer gezeichnet war. Ende September verließ er das Haus Hansi, in dem Marie weiterhin wohnen blieb, und zog in sein Atelier. Für Ita Wegman wurde ein kleines Seitenzimmer hergerichtet, von dem aus sie ihn rund um die Uhr betreuen konnte. Die kleine Wohnung war spartanisch eingerichtet, die dünnen Wände boten wenig Schutz gegen die Kälte. Doch in seinem Atelier befanden sich seine Bibliothek und seine Arbeitsmaterialien, die er dringend benötigte. Eine Telefonverbindung zur Klinik war vorhanden. Ita fand den Ort geeignet, weil sie dort ständig über sein Befinden unterrichtet war, sofort auf seine Wünsche reagieren und ihn gleichzeitig vor Besuchern schützen konnte. Er wollte sich nicht in einem Zustand der Schwäche zeigen – nicht einmal Ita gegenüber. Es dauerte eine Weile, bis sie entschied, ihre ärztliche Kompetenz ins Feld zu führen und ihm bestimmte Heilmittel zu verordnen, die er jedoch zunächst ablehnte. Mit Einfühlungsvermögen und Erfindungsgabe schaffte sie es schließlich, ihn zum Essen zu bewegen. Es schien, als wollte er seine Krankheit nicht wahrhaben.

Da er eine Zeit lang weiterarbeitete, als wäre nichts geschehen, die Tageszeitung und wissenschaftliche Neuerscheinungen las, an seiner Autobiografie schrieb, die Korrespondenz erledigte und den Wiederaufbau des Goetheanums vorantrieb, hatte Ita mit ihren therapeutischen Vorschlägen keinen leichten Stand. Auch vor Marie hatte er die Schwere seiner Krankheit verheimlicht. Sie ging Ende September auf eine Eurythmietournee. Aus der Ferne nahm er regen Anteil daran und erfand neue Eurythmieformen, die er ihr in seinen Briefen vorstellte.

Immer wieder stellte sich Ita die Frage, wo sie mit ihrer Heilkunst ansetzen sollte. Der ihr zugesprochene Mut des Heilens wurde nun in einem konkreten Fall gefordert, der ihr sehr naheging. Sie beschloss, sich Unterstützung zu suchen. Nachdem es bei Steiner durch eine krankhafte Vergrößerung der Prostata zu einem Harnverhalt mit starken Schmerzen gekommen war, wandte sie sich an ihren ärztlichen Kollegen Ludwig Noll, der sich in Kassel befand und sofort nach Dornach kam, um eine Katheterisierung durchzuführen, die dem Patienten Erleichterung verschaffte. Da dieses täglich notwendig war, blieb er den Winter über in Itas Wohnung und arbeitete in ihrer Klinik mit. Steiner war mit ihrem eigenmächtigen Verhalten zunächst nicht einverstanden gewesen. Es war für ihn nur schwer erträglich, ärztliche Hilfe und medizinische Pflege in Anspruch zu nehmen.

Innerhalb der Anthroposophischen Gesellschaft kursierten mehr und mehr Gerüchte über seine Krankheit, die in der Vermutung gipfelten, es sei ein Giftanschlag auf ihn verübt worden. Daraufhin verfasste er am 2., 11. und 19. Oktober Zustandsberichte für das »Schwarze Brett« und für das Mitteilungsblatt, in denen er seine Erschöpfung aufgrund von Überarbeitung schilderte, die ihm das Reisen und Vortragen unmöglich machte. Gleichzeitig äußerte er die Bitte, seine körperliche Verfassung nicht zum Gegenstand von Spekulationen zu machen. In jedem Bericht hob er die »einzigartige opfervolle Pflege« seiner »lieben Freundin Dr. Ita Wegman« hervor.

Unter dem Titel »Das Krankenlager, die letzten Tage und Stunden Dr. Steiners« hat Ita Wegman für die Mitglieder der Anthroposophischen Gesellschaft einen Bericht über die Geschehnisse im März 1925 verfasst. Darin beschreibt sie die Abgeschiedenheit, in der sie mit ihm lebte. Einzig seine Frau habe ihn – allerdings stets zur festgesetzten Stunde – besucht, wenn sie nicht auf Tournee war, sondern in Dornach weilte. Obwohl er »unsagbar« darunter litt, seine physischen Kräfte schwinden zu sehen, trug er seine Krankheit »mit Geduld und Würde«. Nachdem sie seine »unüberwindbare Appetitlosigkeit« vor dem Hintergrund seiner Erkrankung medizinisch erklärt hat, schildert sie die letzten Tage im Atelier, an denen eine »leichte Traurigkeit« über ihm lag, was ihn jedoch nicht daran hinderte, an ihrem gemeinsamen Buch zu arbeiten. Er habe ihr am Sonntagmorgen das Manuskript gegeben, das er am Vortag korrigiert gehabt habe: »unser medizinisches Buch«, in dem so viel Liebe und Hingabe steckte. »Er hatte es sich nicht nehmen lassen, die Korrekturen noch selber persönlich zu machen, und nun liegt das Buch als Vermächtnis da, als letzte Arbeit von seiner Hand.« Er sei »hocherfreut« gewesen, als er es ihr überreicht habe, und habe gesagt: »Bedeutsames ist in dem Buch gegeben worden.« Als am Nachmittag desselben Tages seine Schmerzen immer stärker geworden seien, sei sie unruhig geworden und habe entschieden, seine Frau, die sich in Stuttgart aufhielt, zu benachrichtigen. Marie bemühte sich vergeblich um eine Fahrgelegenheit. Erst am nächsten Morgen konnte sie ein Auto organisieren und sich gegen sechs Uhr auf den Weg machen. Doch sie kam zu spät. Als sie mittags in Dornach eintraf, wurde ihr mitgeteilt, dass der Tod bereits gegen zehn Uhr eingetreten sei. Ihrer Schwägerin schrieb sie, wie schwer es für sie gewesen sei, so oft von ihm getrennt zu sein, er habe sie jedoch aufgefordert, ihre Tätigkeit, die mit Reisen verbunden gewesen sei, nicht zu unterbrechen. »Aber tief, tief schmerzlich ist es für mich gewesen, jetzt so viel weg sein zu müssen.«

Ita wachte ununterbrochen an seinem Krankenbett und war erstaunt, dass er es zuließ. Sonst bestand er meistens darauf, dass sie sich zwischendurch zurückzog, um sich zu entspannen. Nach einer ruhigen Nacht erlebten Ita und Dr. Noll, den sie am frühen Morgen zu sich gerufen hatte, wie das Leben Steiners langsam verlosch. Er starb am 30. März 1925 um zehn Uhr vormittags. »Das Weggehen war wie ein Wunder. Als ob es sich von selbst verstände, ging er«, so Ita. »Es war mir, wie wenn im letzten Augenblick die Würfel der Entscheidung fielen.« Es habe weder einen Kampf gegeben noch den Versuch, auf der Erde zu bleiben. Er habe ihr noch »ein paar liebe Worte« gesagt, ruhig vor sich hin geschaut, die Augen geschlossen und die Hände gefaltet. »Wir müssen uns nun selber helfen können«, lautete ihr Fazit.

Rudolf Steiners Urne wurde zuerst in seinem Atelier,

dann im Goetheanum aufbewahrt. Am 3. November 1992 erfolgte ihre Beisetzung im Gedenkhain des Goetheanums neben dem Grab des Dichters Christian Morgenstern.

Zwei Frauen

Über das Verhältnis von Ita und Marie wurde einiges kolportiert, darunter auch Mutmaßungen und Projektionen. Dass dieses Verhältnis ein schwieriges gewesen sein muss, liegt auf der Hand, und das nicht erst, seit der erkrankte Rudolf Steiner aus der ehelichen Wohnung in der Villa Hansi auszog, um sich in die – medizinische – Obhut Itas zu begeben. Während Marie seinem Wunsch nachkam und ihre Reisetätigkeit in Sachen Eurythmie fortsetzte, konzentrierte sich Ita ganz auf seine Pflege. Für Marie wohl ein nur schwer auszuhaltender Zustand, doch sie wusste, dass die Liebe zu einem Mann wie Steiner eine war, die über die unmittelbare Beziehung von Mensch zu Mensch hinausreichte. Wenn man ihn liebte, musste man gleichzeitig seine Mission, seine Arbeit lieben, denn er war damit untrennbar verbunden. Und das taten beide Frauen – auf ihre jeweilige besondere Weise: Marie als anthroposophische Künstlerin und Ita als anthroposophische Ärztin. Beide fühlten sich verpflichtet, seine Lehre weiterzutragen. Dass es dabei zu Konflikten und Rivalitäten kam, war unvermeidlich. Nicht nur Maries Vorwurf, Ita habe sie nicht eindringlich genug über die Verschlechterung von Steiners Gesundheitszustand informiert, sodass sie erst nach seinem Ableben in Dornach eintraf, taucht in Maries Korrespondenzen und in ihren Aufzeichnungen mehrfach auf. Darüber hinaus wird von Augenzeugen über einen handfesten Streit um den vorübergehenden Aufbewahrungsort der Urne berichtet, der unmittelbar nach der Einäscherung stattfand. Während es für Marie selbstverständlich war, dass diese ihren Platz im Haus Hansi finden sollte, plädierte Ita für das Atelier, in dem Steiner seine letzten Lebensmonate verbracht hatte. In der darauffolgenden Zeit kam es immer wieder zu Kompetenzstreitigkeiten zwischen den beiden Frauen, die erst sporadisch in Maries Briefen thematisiert wurden, doch irgendwann fanden sie keine Erwähnung mehr.

Nach der Zeit der Zurückgezogenheit am Krankenbett von Rudolf Steiner ging Ita auf Reisen, wie sie es schon immer gern getan hatte. Sie besuchte Tagungen der anthroposophischen Landesgesellschaften und initiierte Neugründungen von Sektionen in Frankreich, Deutschland, Österreich, England, Holland und der Tschechoslowakei. Parallel verfasste sie – größtenteils unterwegs im Zug – zahlreiche Aufsätze »An die Mitglieder«, in denen sie über ihre aktuellen Erlebnisse und Erkenntnisse berichtete. Ein großer Teil der spontan aufgeschriebenen Texte enthielt Erinnerungen an Rudolf Steiner. Sie fühlte sich verpflichtet, seine Gedanken weiterzugeben. Das halbe Jahr, das sie mit ihm in der Abgeschiedenheit seines Krankenzimmers verbracht hatte, empfand sie nicht als Belastung, sondern als Bereicherung. An diesem Reichtum sollten auch andere teilhaben.

Im Sommer 1926 gründete sie zusammen mit fünf Kollegen die Zeitschrift *Natura* als eine Art Sprachrohr für die anthroposophische Medizin. Neben ihr selbst, die darin ihre Auffassung von anthroposophischer Heilkunst vorstellte, kamen vor allen Dingen junge Ärztinnen und Ärzte zu Wort. Sie betrachtete es als ihre Aufgabe, diese zu unterrichten. Dabei entwickelte sie großes Engagement. Sie war eine exzellente, wenn auch oft unduldsame Lehrerin.

Zur selben Zeit entschloss sie sich, ihr Klinisch-Therapeutisches Institut zu erweitern. Dort herrschte seit Langem extremer Raummangel: Die Krankenzimmer waren klein, Wartezimmer und Aufenthaltsraum nicht vorhanden, ständig musste improvisiert werden. Nach dem Umbau, der im Februar 1927 abgeschlossen war, konnte Ita endlich ihr bisheriges Lehrangebot durch Ausbildungskurse für Heilpädagogik und Heileurythmie erweitern.

Im Frühjahr 1932 teilte sie ihren Vorstandskollegen aus der Anthroposophischen Gesellschaft mit, dass sie aufgrund ihres labilen Gesundheitszustands eine Erholungsreise nach Griechenland und Kleinasien antreten werde. Sie sei weder seelisch noch körperlich in der Lage, an der im März stattfindenden Generalversammlung teilzunehmen. Sie hoffe, sich auf ihrer Reise erholen zu können und Distanz zu gewinnen.

»Wenn man nach Griechenland reist, muss man eine ganz andere Seelenverfassung haben, als wenn man andere Länder bereist«, heißt es in ihren Notizen. »Es ist da etwas ganz Intimes, das sich da in der Seele regt, etwas, was mit Erwartungsstimmung zu vergleichen ist, die Erwartung für etwas Festliches, dem man da begegnen wird.« Fünf Wochen war sie unterwegs. Die Stationen ihrer Reise waren: Mazedonien, Samothrake, Lesbos, Smyrna, Pergamon, Ephesos, Athen, Delphi, Eleusis, Epidauros, Tiryns, Theben, Argos, Mykene, Korinth, Salamis, Marathon, Ägina. Ein beeindruckendes Programm, wenn man bedenkt, dass sie gesundheitliche Probleme hatte. Doch das Unterwegssein tat ihr gut, vor allem ihrer Seele. Stillstand war für sie schwer auszuhalten, sie war ein Mensch, der in der Bewegung zu sich kam. Das hatte sie schon als junge Frau entdeckt und praktiziert.

Kurz vor ihrer Rückfahrt schrieb sie an Madeleine van Deventer, sie habe sehr viel von der Reise gehabt und »werde andere daran teilnehmen lassen«. Ihr Vorhaben, einen ausführlichen Bericht zu verfassen, hat sie allerdings nicht verwirklicht. Erhalten sind nur Stichworte wie »Erleben der Landschaft, wo Plato, Aristoteles, Aischylos gelebt haben, wo jeder von uns in dieser und jener Zeit die Griechische Kultur erlebt hat. Dadurch entsteht eine Erweiterung der Seele, frühere Erlebnisse steigen in der Seele auf. Es ist, als ob die ganze Umgebung lebendig wird, das Gegenwärtige versinkt und das Alte steigt in Bildern auf.«

Doch das Gegenwärtige ließ sich nicht lange verdrängen: Am 1. November 1935 wurde laut Verfügung der Preußischen Geheimen Staatspolizei »die im Gebiete des Deutschen Reiches bestehende Anthroposophische Gesellschaft« aufgelöst. Als Grund wurde ihr staatsfeindlicher Charakter genannt. Schon einige Jahre vorher hatte Ita die allmähliche Veränderung des politischen und geistigen Klimas in Deutschland mit Sorge registriert. Das anthroposophische Menschenbild, in dem Begriffe wie Individualität, Lebenslauf, Erfahrung, Schicksal eine wesentliche Rolle spielen, wurde von den nationalsozialistischen Machthabern nicht nur abgelehnt, sondern für gefährlich erklärt. Genau wie die anthroposophische Bewegung, welcher Internationalismus, Individualismus und Pazifismus vorgeworfen wurde. Ita, die ein ausgeprägtes Gespür für atmosphärische Veränderungen und Bedrohungen im alltäglichen Leben hatte, befürchtete, dass auch die Schweiz irgendwann davon betroffen sein würde.

Zur gleichen Zeit drohten die Querelen, die gleich nach dem Tod Rudolf Steiners innerhalb der Anthroposophischen Gesellschaft über die Auslegung seines Testaments aufgetreten waren, mehr und mehr zu eskalieren. Bereits 1907 hatte Steiner testamentarisch verfügt: »Nach meinem Tode soll Fräulein Marie von Sivers das Recht haben, in meinem Namen zu verfügen. Was sie so tut, soll in meinem Namen getan sein.« Nachdem er einige zu berücksichtigende Details nennt, endet er mit den Worten: »Marie von Sivers selbst wird aber immer bei mir sein. Unsere Einigung bleibt unlöslich.«

Am 22. August 1914 hatte er seinen letzten Willen noch einmal bekräftigt: »Es ist mein Wille, dass die Fortführung der mir obliegenden Pflichten gegenüber der Anthroposophischen Gesellschaft nach meinem Tode durch Fräulein Marie von Sivers geschieht, so dass diese frei die ihr zur Seite stehenden Vertrauenspersonen bestimmt.« Einige Mitglieder stellten jedoch die Gültigkeit infrage.

Außerdem kam es unter den Mitgliedern des Vorstands zu heftigen Kontroversen über die Weiterführung der anthroposophischen Arbeit innerhalb der Anthroposophischen Gesellschaft, die darin gipfelten, dass die beiden Vorstandsmitglieder Ita Wegman und Elisabeth Vreede, eine holländische Mathematikerin und Anthroposophin, die seit 1914 in Dornach lebte, abgesetzt und ausgeschlossen wurden. Marie Steiner, die an der Versammlung nicht teilnahm, weil sie sich den Arm gebrochen hatte und dadurch außerstande sah, das Haus zu verlassen, bezeichnete diesen Vorgang später als Fehler. Sie würde es begrüßen, »wenn Schritte unternommen würden, um diese Sache in einer für alle Beteiligten annehmbaren Weise und in würdiger Form« zu regeln. Erst 1948, fünf Jahre nach dem Tod Ita Wegmans, wurden ihre Absetzung und ihr Ausschluss als ungerechtfertigt aufgehoben.

Unmittelbar nach der Veranstaltung glaubten die verbleibenden drei Vorstandsmitglieder Marie Steiner, Albert Steffen und Guenther Wachsmuth die Spannungen langfristig überwunden zu haben, was sich als Trugschluss erwies. Die Differenzen zwischen Marie Steiner und Albert Steffen zeigten sich als unüberwindbar, Marie wehrte sich dagegen, bei wichtigen Entscheidungen immer wieder übergangen zu werden.

Doch im Dezember 1942 entschloss sie sich zur Versöhnung und publizierte im *Nachrichtenblatt* einen Appell an die Anthroposophische Gesellschaft, der mit der Frage begann: »Was können wir tun, um unsere moralische Substanz zu retten?« Trotz der katastrophalen Weltlage glaube sie daran, dass die Anthroposophische Gesellschaft zu retten sei – vielleicht sei dazu ein Wunder nötig. Oberste Voraussetzung dafür sei es jedoch, verzeihen zu können. »Jeder kann dasjenige verzeihen, was ihm zu verzeihen obliegt.« Sie plädierte dafür, einen Strich zu ziehen »unter all die alten Geschichten, die uns zermürben und denen wir, sofern wir jung sind oder abseits leben, nicht mehr in der Lage sind, auf den Grund zu blicken.« Statt dem Unrecht nachzuspüren, das einem irgendwann widerfahren war, sollte man lieber seine Energien darauf verwenden, eine neue Basis für Zusammenarbeit zu schaffen. »Wir müssen wieder zusammenarbeiten können, in Eintracht und ohne Ausschluss der uns antipathischen Menschen«, forderte sie in ihrem Appell und lehnte es ab, sich zu isolieren und zu »verrammeln vor denen, die geistige Erkenntnis suchen«.

Fast drei Monate später, im Februar 1943, sandte ihr Ita einen kurzen Brief aus der Casa Andrea Cristofero, Ascona, in dem sie Marie für ihren Weihnachtsappell dankte und erklärte: »Ich wünsche nur so sehr mit diesen Zeilen zum Ausdrucke zu bringen, dass Ihre Worte einen tiefen Eindruck auf mich gemacht haben, sie sind groß und zukunftsvoll.« Es war ihr nicht leichtgefallen, sich an Marie zu wenden. Nicht wie sonst folgte sie sofort einem Impuls und stürzte die Zeilen so aufs Papier, wie sie ihr in den Sinn kamen. In diesem Fall überlegte sie lange und bat einige Vertraute um Rat, darunter Madeleine van Deventer. Auf deren Zögern antwortete sie barsch in gewohnter Manier: »Ihr mit Eurer Skepsis verderbt mir alles.« Aus Maries Worten strecke sich ihr eine Hand entgegen, und wenn sie diese nicht ergreife, mache sie sich schuldig. In diesem Moment muss sie sich Marie verwandt gefühlt haben, hatte sie doch selbst einmal ihrer Mitarbeiterin Mien Viehoff empfohlen: »Halte Dein Herz warm, dies ist das einzige Mittel, um sich nicht von einander zu entfremden, auch wenn die Meinungen auseinandergehen.«

Weder die schwere Krankheit, unter der sie 1934 zu leiden hatte, noch ihr Ausschluss aus der Allgemeinen Anthroposophischen Gesellschaft noch deren Verbot in Deutschland durch die Nationalsozialisten konnten Ita auf ihrem Weg aufhalten. Sie leistete Widerstandsarbeit auf ihre Weise: So half sie jüdischen Kollegen wie Karl König, der eine Zeit lang ihr ärztlicher und wissenschaftlicher Mitarbeiter in ihrem Klinisch-Therapeutischen Institut war, bei der Emigration und setzte ihre Kräfte dafür ein, die in der anthroposophischen Heilpädagogik betreuten Kinder in Sicherheit zu bringen und so vor Sterilisation und Euthanasie zu bewahren.

Ihre letzten Lebensjahre verbrachte sie am Lago Maggiore, wo sie 1936 eine Dependance ihres Arlesheimer Instituts, die Klinik Casa Andrea Cristoforo, eingerichtet hatte. Im selben Jahr hatte sie das Anwesen La Motta in Brissago gekauft, das als Kinderheim dienen sollte. Im Herbst 1937 zog die erste Gruppe von Kindern vom Sonnenhof in ihr neues Domizil, ein Jahr später folgte die nächste. Im Mai 1940 wurde der Sonnenhof komplett evakuiert. Mindestens einmal pro Woche fuhr Ita mit dem Postbus zum Kinderheim La Motta und besuchte die Kinder, die sie zum Teil schon viele Jahre aus dem Sonnenhof kannte. Sie registrierte ihre Entwicklungsschritte und korrespondierte darüber mit ihren Eltern. Die Kinder freuten sich jedes Mal sehr über den Besuch der Ärztin, die für so vieles Verständnis hatte und sie ernst nahm. Auch die im Sonnenhof verbliebenen Kinder vergaßen sie nicht. Zu Ita Wegmans 65. Geburtstag, den sie in Ascona feierte, stellten sie ihr ein großes Geburtstagspaket mit persönlichen Glückwünschen und Geschenken zusammen. Ita bedankte sich für »die schönen Zeichnungen« und ging auf jede einzelne ein – von Klein Vrenelis »Schneeglöcklein« bis zu Alans »Auffassung von Brissago und Arlesheim«, von der sie sich beeindruckt zeigte: »die Berge mit dem blauen Himmel, dann das Rote, was von unten kommt, es sind wohl kleine Fische, die er auf dem Wasser gesehen hat«. Er habe den Kontrast zwischen Brissago und dem häuslichen Leben in Arlesheim »sehr gut empfunden«.

Ita fühlte sich wohl an diesem Ort, der sie mit seinem imposanten Bergpanorama an ihre Kindheit in Indonesien erinnerte. Vor allem das Klima bekam ihr außerordentlich gut, liebte sie doch die Wärme. Ende Februar 1943 erkrankte sie während eines Besuchs in Arlesheim »an einem grippeartigen Beschwerde- und Leidensbild«, wie Madeleine van Deventer berichtet. Ita zeigte sich dankbar für die Betreuung, betrachtete ihre Krankheit mit Distanz und nahm allmählich Abschied von den Menschen, mit denen sie viele Jahre eng zusammengelebt und -gearbeitet hatte. »Still und ruhig lag sie da. Sie äußerte keine Ratschläge oder Wünsche für die Zukunft. Was zu sagen war, war längst gesagt.« Nach sieben Krankheitstagen starb sie am 4. März 1943 gegen zehn Uhr morgens. Das Sterben sei für sie »nur ein kleiner Schritt gewesen«, erklärte Madeleine van Deventer. Ita hatte sich gewünscht, dass ihre Urne in einer kleinen Kapelle bei Brissago aufbewahrt wurde, die ihre Freundin Liane Collot d'Herbois mit Fresken ausgestattet hatte. Die englische Maltherapeutin, die sie bereits 1927 bei der Gründung eines heilpädagogischen Heims für Kinder in Sunfield, Clent, kennengelernt hatte und die ab 1935 zu ihrem engeren Freundeskreis zählte, sorgte dafür, dass ihr Wunsch erfüllt wurde.

Er habe selten »solchen unmittelbaren Schmerz gefühlt« und sei wie zerbrochen, bekannte Karl König, der noch am Abend des Todestages von Ita Wegmans Ableben erfahren hatte. In seinem Tagebuch würdigt er sie als den vielleicht besten »Freund« Rudolf Steiners. »Der Freund, der ihn während seiner Krankheit Tag und Nacht pflegte, das Zentrum der neuen Medizin, der neuen Heilpädagogik. Der Arzt und Helfer, der Rater vieler, vieler Menschen. Der Helfer und mütterliche Freund ist nicht mehr.« Warum er in seinen Abschiedsgedanken an Ita Wegman ausschließlich die männliche Form wählte, blieb sein Geheimnis.

Marie trat nach dem Tod ihres Mannes, wie testamentarisch verfügt, das Erbe an und beanspruchte die Rechte am schriftlichen Werk Rudolf Steiners. Es war unbestritten ihr Verdienst, dass es als Einheit herausgegeben werden konnte. Sie selbst bearbeitete allein über 500 Publikationen, zu denen sie auch Einführungen und Erläuterungen beisteuerte. Ihr Anspruch führte zu einem lange andauernden Konflikt mit der Allgemeinen Anthroposophischen Gesellschaft. 1943 gründete Marie den »Verein zur Verwaltung und Pflege des Nachlasses von Rudolf Steiner«, der später in »Rudolf Steiner Nachlassverwaltung« umbenannt wurde. Mit einigen der Vereinsmitglieder hatte sie jahrelang im Verlag und im Archiv zusammengearbeitet und konnte auf ihre Loyalität vertrauen. Als wichtigste Aufgabe des Vereins betrachtete sie die Erarbeitung und Herausgabe einer Rudolf-Steiner-Gesamtausgabe. Sie war ursprünglich auf 354 Bände angelegt, bis heute liegen mit den über die Jahre noch dazugekommenen Bänden 400 Bände vor.

Im August 1947 verlegte Marie ihren Wohnsitz ins Berner Oberland. Man hatte sie wie andere Einwohner des nahe der deutschen Grenze gelegenen Dornachs während des Krieges aufgefordert, ins Landesinnere zu ziehen. Damals war ihr das Chalet Heimat in Beatenberg im Berner Oberland angeboten worden, das sie nun bezog. Nach wie vor kümmerte sie sich um die Herausgabe der Werke Rudolf Steiners, unterrichtete, inszenierte, arbeitete mit dem Schauspielensemble des Goetheanums, führte eine ebenso rege wie umfangreiche Korrespondenz und empfing Besucherinnen und Besucher. Den Kampf um Anerkennung ihrer Nachlassverfügung gab sie bis zu ihrem Lebensende nicht auf.

Sie starb am 27. Dezember 1948 in Beatenberg. Am 30. Dezember wurde sie in Dornach aufgebahrt. Ihrem

Wunsch entsprechend, rezitierten ihre Schüler die Totenmantren Rudolf Steiners. Das Sprechen über ihre Person hatte sie sich verbeten. Auch bei der Feier in der Schreinerei, die nach der Kremation am Silvesterabend stattfand, wurde nichts über sie gesagt. Am Neujahrstag wurde im selben Raum Steiners Mysteriendrama »Die Prüfung der Seele« aufgeführt. Marie Steiners Urne ruht, wie die ihres Ehemannes, im Gedenkhain des Goetheanums.

Ita Wegman

Biografischer Überblick

1876 Maria Hendrika (genannt Ita) Wegman wird am 22. Februar in Krawang, Niederländisch-Indien (heute Indonesien), als zweites von sechs Kindern geboren. Ihr Vater Hendrik ist Leiter einer Zuckerfabrik.

1882 Umzug der Familie nach Probolinggo, Ostjava. Ita besucht die Grundschule und erhält anschließend Privatunterricht.

1891 Ita wird zusammen mit ihrer jüngeren Schwester Charlien zur weiteren schulischen Ausbildung ins holländische Arnheim geschickt.

1894 Rückkehr nach Java. Verlobung mit einem jungen Offizier, der kurz darauf an Lungenentzündung stirbt.

1896 Beginn der Beschäftigung mit Theosophie.

1899 Aufgrund der Erkrankung des Vaters Rückkehr der Familie Wegman nach Holland.

1900	Ausbildung in Schwedischer Heilgymnastik und Massage.
1902	Erste Begegnung mit Rudolf Steiner in Berlin. Ita tritt der damals von ihm geleiteten Deutschen Sektion der Theosophischen Gesellschaft bei.
1906–1911	Medizinstudium in Zürich. Arztdiplom als Fachärztin für Frauenheilkunde.
1912–1917	Assistenzärztin an verschiedenen Kliniken. Eröffnung einer eigenen Praxis in Zürich mit einer angeschlossenen kleinen Krankenstation und der Möglichkeit zur physikalischen Therapie. Häufige Besuche in Dornach, um die Vorträge Rudolf Steiners zu hören.
ab 1917	Eigene und Gemeinschaftspraxis in Zürich. Beteiligung an der Entwicklung und Herstellung des Mispelpräparats zur Krebsbekämpfung Iscar, aus der das Krebspräparat Iscador hervorgeht.
1921	Eröffnung ihres Klinisch-Therapeutischen Instituts in Arlesheim, heute Ita-Wegman-Klinik.
1922	Gründung des heilpädagogischen Heims Haus Sonnenhof für seelenpflege-bedürftige Kinder in Arlesheim. Mitarbeit in der neuen Heilmittelfabrik Weleda AG, Arlesheim.
1922/1923	Brand des ersten Goetheanums in der Silvesternacht.

1923–1925	Enge Mitarbeiterin Rudolf Steiners. Vorstandsmitglied der neuen Anthroposophischen Gesellschaft, Mitbegründerin und Leiterin der Medizinischen Sektion der Freien Hochschule für Geisteswissenschaften am Goetheanum in Dornach. In dieser Funktion initiiert und begleitet Ita Wegman die Gründung zahlreicher heilpädagogischer Einrichtungen weltweit.
1924/1925	Ita Wegman pflegt Rudolf Steiner ab Herbst 1924 während seiner Krankheit bis zu seinem Tod im März 1925.
1925	Ita Wegmans und Rudolf Steiners medizinisch-anthroposophisches Gemeinschaftswerk *Grundlegendes zur Erweiterung der Heilkunst nach geisteswissenschaftlichen Erkenntnissen* erscheint.
ab 1935	Konflikte zwischen den Mitgliedern des Vorstands der Anthroposophischen Gesellschaft. Ita Wegman und Elisabeth Vreede werden von ihrer Vorstandstätigkeit abberufen und aus der Gesellschaft ausgeschlossen. Der Ausschluss wird 1948, fünf Jahre nach dem Tod Ita Wegmans, als ungerechtfertigt aufgehoben.
1936	Gründung des Kur- und Erholungsheims Casa Andrea Cristoforo in Ascona, einer Dependance des Klinisch-Therapeutischen Instituts Arlesheim. Hier verbringt Ita ihre letzten Lebensjahre.

1943 Ita Wegman stirbt am 4. März in Arlesheim. Ihre Urne wird in einer von der Malerin und Maltherapeutin Liane Collot d'Herbois gestalteten Kapelle in Brissago, bei Ascona, beigesetzt.

Marie Steiner-von Sivers

Biografischer Überblick

1867	Marie von Sivers wird am 14. März in Włocławek, Polen (damals zu Russland gehörend), geboren. Ihr Vater Jacob von Sivers ist Kaiserlich Russischer Generalleutnant, zurzeit Stadtkommandant von Włocławek. Sie hat eine Schwester und vier Brüder.
1875–1877	Aufenthalt der Familie Sivers in Riga.
1877	Übersiedlung der Familie nach Petersburg. Marie wird in einer deutschen Privatschule unterrichtet und besucht anschließend ein russisches Gymnasium. Die Eltern verweigern ihr ein Universitätsstudium.
1884	Nach dem Tod des Vaters erste Auslandsreise mit der Mutter (Berlin, Wien, Schweiz).
1888	Zweite Auslandsreise nach Italien.

1889–1892	Mitarbeit und soziale Tätigkeit auf dem Gut ihres Bruders Fjodor Jacob. Marie erleidet einen schweren Unfall. Der Bruder stirbt. Sie kehrt nach Petersburg zurück.
1894–1897	Aufenthalte in Paris. Studium der französischen Rezitationskunst.
1897	Beginn der Ausbildung zur Schauspielerin in Petersburg bei der Regisseurin und Schauspielerin Maria von Strauch-Spettini, die eine enge Freundin wird.
1899	Reise nach Österreich und Deutschland mit Maria von Strauch, um deutschsprachige Bühnen kennenzulernen. Das Berliner Schillertheater bietet ihr die Hauptrolle in Schillers »Die Jungfrau von Orleans« an. Marie von Sivers lehnt ab, nimmt jedoch weiter Sprechunterricht.
1900	Kontaktaufnahme mit dem französischen Schriftsteller Édouard Schurés. Marie übersetzt sein Drama »Die Kinder des Luzifer«. Beginn einer intensiven Korrespondenz. Auf seine Anregung hin wird sie Mitglied der Berliner Theosophischen Gesellschaft. Erste Begegnung mit Rudolf Steiner.
1901/1902	Dolmetscherin für die Theosophische Gesellschaft in Bologna.

1902–1912	Aufbau der Theosophischen Gesellschaft Deutschlands zusammen mit Rudolf Steiner. Organisatorin der Vortragstätigkeit Steiners, Reisebegleiterin und Dolmetscherin. Marie organisiert Nachschriften seiner Vorträge und gründet für seine Werke einen eigenen Verlag. Zusammen mit Steiner organisiert sie Mysterienfestspiele und tritt in unterschiedlichen Rollen auf.
1912	Bruch mit der Theosophischen Gesellschaft und Gründung der Anthroposophischen Gesellschaft.
1913–1925	Aufbau der Anthroposophischen Gesellschaft zusammen mit Rudolf Steiner. Bau des Goetheanums in Dornach.
1914	Marie von Sivers und Rudolf Steiner heiraten in Dornach.
1922/1923	Brand des ersten Goetheanums in der Silvesternacht.
1924/1925	Rudolf Steiner erkrankt schwer und stirbt am 30. März.

1925–1948 Marie Steiner-von Sivers baut einen künstlerischen Sprechchor auf und unternimmt zahlreiche Tourneen. Bei der Eröffnung des 2. Goetheanums werden Rudolf Steiners Mysterienspiele unter ihrer Regie aufgeführt. 1943 Gründung der Rudolf Steiner Nachlassverwaltung mit dem Hauptziel der Schaffung einer Gesamtausgabe seiner Werke. 1947 zieht sich Marie nach Beatenberg im Berner Oberland zurück.

1948 Marie Steiner-von Sivers stirbt am 27. Dezember. Ihre Urne ruht, wie die ihres Ehemannes, im Gedenkhain des Goetheanums.

Literatur und Quellen

Aus der Probenarbeit mit Marie Steiner. Aufzeichnungen von Mitgliedern des Schauspiel-Ensembles am Goetheanum
herausgegeben von Edwin Froböse
Rudolf Steiner Nachlassverwaltung, Dornach 1978

Belyj, Andrej:
Geheime Aufzeichnungen. Erinnerungen an das Leben im Umkreis Rudolf Steiners (1911–1915)
Verlag am Goetheanum, Dornach 2002

Blavatsky, H. P.:
Der Schlüssel zur Theosophie
Aquamarin Verlag, Grafing 2015

Eppinger, Heinrich:
Humor und Heiterkeit im Leben und Werk Rudolf Steiners
Verlag am Goetheanum, Dornach 2000

Gebhardt, Miriam:
Rudolf Steiner. Ein moderner Prophet
Deutsche Verlagsanstalt, München 2011

Hammacher, Wilfried:
Marie Steiner. Lebensspuren einer Individualität
Verlag Freies Geistesleben, Stuttgart 2014

Hemleben, Johannes:
Rudolf Steiner in Selbstzeugnissen und Bilddokumenten
Rowohlt Monographie, Rowohlt Verlag, Reinbek bei Hamburg 1963

Hundhammer, Theodor:
Marie Steiner von Sivers. Biografie – Kulturimpuls – Spannungsfelder
https://bewegteworte.ch, 2014

Reventlow, Franziska zu:
Sämtliche Werke in fünf Bänden
herausgegeben von Michael Schardt u. a.
Igel Verlag, Oldenburg 2004

Rilke, Rainer Maria:
Requiem. Für eine Freundin. Für Wolf Graf von Kalckreuth. Für einen Knaben
Insel Verlag, Leipzig 1936

Samweber, Anna:
Erinnerungen an Rudolf Steiner und Marie Steiner-von Sivers
Verlag am Goetheanum, Dornach 2014

Savitch, Marie:
Marie Steiner-von Sivers. Mitarbeiterin von Rudolf Steiner
Philosophisch-Anthroposophischer Verlag, Dornach 1965

Schubert, Ilona:
Selbsterlebtes im Zusammensein mit Rudolf Steiner und Marie Steiner
Zbinden Verlag, Basel 1970

Selg, Peter:
Der Mut des Heilens. Über Ita Wegman
Verlag des Ita Wegman Instituts, Arlesheim 2017

Selg, Peter:
Die letzten drei Jahre. Ita Wegman in Ascona 1940–1943
Natura Verlag/Verlag am Goetheanum, Dornach 2004

Selg, Peter:
Ich bleibe bei Ihnen. Rudolf Steiner und Ita Wegman. München, Pfingsten 1907; Dornach, 1923–1925
Verlag Freies Geistesleben, Stuttgart 2007

Selg, Peter:
Ita Wegman und Karl König. Eine biographische Dokumentation
Natura Verlag/Verlag am Goetheanum, Dornach 2007

Selg, Peter:
Wir müssen vorwärts. Rudolf Steiner und Marie Steiner-von Sivers
Verlag des Ita Wegman Instituts, Arlesheim 2017

Simons, Elly:
Erinnerungen an Marie Steiner. Mit Beiträgen von Heinz Frankfurt
Verlagsbuchhandlung Beer, Zürich 2020

Steiner, Marie:
Briefe und Dokumente, vornehmlich aus ihrem letzten Lebensjahr,
herausgegeben von der Rudolf Steiner Nachlassverwaltung
Verlag der Rudolf Steiner Nachlassverwaltung, Dornach 1981

Steiner, Marie:
Erinnerungen. Aufsätze und Gedichte 1
Verlag der Rudolf Steiner Nachlassverwaltung, Dornach 1949

Steiner, Marie:
Erinnerungen. Aufsätze und Gedichte 2
Verlag der Rudolf Steiner Nachlassverwaltung, Dornach 1952

Steiner-von Sivers, Marie:
Aus dem Leben von Marie Steiner-von Sivers.
Biographische Beiträge und eine Bibliographie
Verlag der Rudolf Steiner Nachlassverwaltung, Dornach 1956

Steiner, Rudolf:
Theosophie. Einführung in übersinnliche Welterkenntnis und Menschenbestimmung
Verlag Freies Geistesleben, Stuttgart 1962

Wachsmuth, Guenther:
Rudolf Steiners Erdenleben und Wirken. Von der Jahrhundertwende bis zum Tode. Die Geburt der Geisteswissenschaft. Eine Biographie
Philosophisch-Anthroposophischer Verlag am Goetheanum, Dornach 1951

Wegman, Ita:
Erinnerung an Rudolf Steiner
herausgegeben von Peter Selg
Verlag des Ita Wegman Instituts, Arlesheim 2011

Weibring, Juliane:
Frauen um Rudolf Steiner. Im Zentrum seines Lebens. Im Schatten seines Wirkens
Athena Verlag, Oberhausen 1997

Wendt, Gunna
Franziska zu Reventlow. Die anmutige Rebellin
Aufbau Verlag, Berlin 2008

Wiesberger, Hella:
Marie Steiner-von Sivers. Ein Leben für die Anthroposophie. Eine biographische Dokumentation
herausgegeben von der Rudolf Steiner Nachlassverwaltung
Rudolf Steiner Verlag, Dornach 1989

Zander, Helmut:
Rudolf Steiner. Die Biografie
Piper Verlag, München 2011

Zeylmans van Emmichoven. J. E.:
Wer war Ita Wegman. Eine Dokumentation. Band 1, 1876 bis 1925
Natura Verlag/Verlag am Goetheanum, Dornach 2004

Zeylmans van Emmichoven, J. E.:
Wer war Ita Wegman. Eine Dokumentation. Band 2, 1925 bis 1943
Natura Verlag/Verlag am Goetheanum, Dornach 2015

Gunhild Pörksen vom Ita Wegman Archiv im Ita Wegman Institut für Anthropologische Grundlagenforschung, Arlesheim, danke ich für anregende Gespräche. Merle Rüdisser, Franz Klug und Rüdiger Rohrbach danke ich für wertvolle Hinweise.

Zwei Frauen, die unterschiedlicher nicht sein könnten

Coveränderungen vorbehalten

Gunna Wendt

Erika und Therese

Erika Mann und Therese Giehse – Eine Liebe zwischen Kunst und Krieg

Piper Taschenbuch, 288 Seiten
ISBN 978-3-492-30941-7

Am 1. Januar 1933 gründeten Erika Mann, talentierte Tochter Thomas Manns, und Therese Giehse, beliebte Theaterschauspielerin, das politische Kabarett »Die Pfeffermühle«. Erika verfasste die Szenen, in denen Therese brillierte. Doch die beiden Frauen verband nicht nur das gemeinsame Projekt, sondern auch eine problematische Liebesbeziehung. Gunna Wendt schildert die Schicksalsjahre zweier ungleicher Frauen in einem einmaligen Doppelporträt, das Tabus und Traumata einer Generation nicht ausspart.

PIPER

Leseproben, E-Books und mehr unter www.piper.de

Die Freundschaft zweier Künstlerinnen

Gunna Wendt

Clara und Paula

Das Leben von Clara Rilke-Westhoff
und Paula Modersohn-Becker

Piper Taschenbuch, 272 Seiten
ISBN 978-3-492-24642-2

1898 lernten sich Paula Becker und Clara Westhoff in Worpswede kennen. Schon bald verband die beiden nicht nur künstlerische Arbeit – Paula war Malerin und Clara Bildhauerin –, sondern auch eine tiefe Freundschaft. Voller Sachkenntnis und lebendig wie ein Roman schildert Gunna Wendt den Weg der beiden jungen Künstlerinnen in einer Zeit, in der Künstlertum für junge Frauen alles andere als selbstverständlich war.

Leseproben, E-Books und mehr unter www.piper.de